LEONARDO A ROMA

Le verità degli adulti

SHORT STORIES IN ITALIAN

For Upper Beginners to Intermediate Learners
(B1 - B2)

Improve your Comprehension & Reading Skills,
Grow Vocabulary and Learn Italian with Ease

LANGUAGE MYTHS

REBECCA ROMANO

Rebecca Romano

Table of Contents

Why read short stories?

I'm so excited you're reading this—it means you're ready to improve your Italian in a **fun and rewarding** way: through stories!

After years of teaching Italian, I found most reading materials either too complex or too boring for learners. That's why I started writing **short stories in simple Italian** crafted to match your language level while keeping you emotionally involved in the plot.

Short stories are a powerful tool for language learners. They expose you to **real-life vocabulary**, **natural dialogue**, and **cultural context**—all in **manageable, bite-sized sections**.

You'll absorb common expressions and sentence patterns in context, picking up full phrases or "chunks" instead of isolated words— **just like native speakers** do.

Whether you're just starting out or have been studying Italian for some years, these stories will help you build **confidence**, stay **motivated**, and truly enjoy improving your Italian skills.

So grab a coffee, settle in, and enjoy the journey. I hope this book brings you both progress and pleasure in your Italian learning adventure!

Why this book?

'*Leonardo a Roma*' is my latest collection of short stories specially **tailored for Italian language learners** —from beginner level (Book 1) to upper beginner/intermediate (Book 2) and to intermediate/advanced level (Book 3).

This book '*Le verità degli adulti*' is a **Graded Italian Reader** targeted at **Italian language learners at an upper-beginner to intermediate level** based on **B1/B2 of the CEFR** (Common European Framework of Reference for Languages).

Amongst other benefits, reading this book includes:

◆ **modern stories** with aspects of day-to-day life, so you can experience **authentic dialogues and situations** in Italy.

◆ more than **10,000 words at an intermediate level** selected to help you expand your vocabulary for everyday use.

◆ **simple grammar structures**, avoiding complex tenses like *passato remoto*, *trapassato remoto*, and the *congiuntivo*. The grammar used is based on level **B1/B2** of the CEFR, making it ideal for learners not ready for advanced grammar yet.

- **connected stories**, which follow the same familiar characters and places, to help you retain what you learn.

- **real-life Italian settings** that immerse you in the Italian culture and way of living of Rome.

- **progressive difficulty**: The first chapters are simpler, and gradually become more complex, to help you build confidence while naturally expanding your skills.

- **short, manageable episodes** as each chapter includes **two bite-sized episodes**, making it easier to finish a section, feel accomplished, and stay motivated.

- **special learning aids**, which includes vocabulary lists, summaries in English and Italian, and comprehension questions to reinforce what you've learned.

- **NEW cultural insights**, which introduce you to everyday Italian habits, traditions, and curiosities—from food and gestures to famous places and local customs.

Whether you've recently started learning Italian or are looking for a fresh way to improve, this book offers a **fun and effective** path forward.

Enjoy your reading—and your learning!

How to read this book

When approaching new reading material, I encourage my students to follow the following process which helps them understand the story and retain the most useful information, including vocabulary.

First, **read the story at your own pace** without looking up any word in the vocabulary. You don't need to understand word by word. You just need to expose yourself to the story and identify the main characters, where the story takes place and the main gist of it. All the details are superfluous at this stage.

Then, **read the story again and look up at the words included in each story's vocabulary**. Don't feel the urge to look up any more words yet. Try to understand the meaning of unknown words by the context and similarities to your own language. For example, what does "ho esagerato" means? "Esagerato" is very similar to *exaggerate*. Could this be the actual translation? Most of the times, your first intuition is the right one.

Write down these words in your notebook and move on to the next step. Together with this book, you can buy a special notebook which I have created to help you retain more vocabulary.

Finally, **read the story once more**, and this time you can **look up at as many words as you like** (and even try to traslate the story in your own language if you are up for a challenge!). However, while it's normal our brain is begging us to understand every single word, this is sometimes not always possible as other elements come into play: grammar, hidden cultural values,   and so on.

Remember the main objective of any language: to communicate meaning. As long as you achieve an understanding of the message each story wants to deliver, you have a reason to celebrate! You are developing important skills which will help you navigate the language and use it actively in dialogues, writing, reading more books, with confidence in natural contests when the understanding of each single word is not essential.

Happy reading!

BONUS STORY

GET YOUR EXTRA BONUS STORY!

As a special thank you for being such an amazing reader, I want to give you a **special gift**.

When you sign up to my mailing list at subscribepage.io/isegretidimiriam, you will receive a free **bonus story** from my book *'I segreti di Miriam'*.

A dinner in the dark is all it takes for Miriam to fall in love and begin a mysterious and intriguing journey into her life.

About the author

Rebecca Romano developed a passion for languages at a young age and she now speaks five languages, giving her insight into the challenges of learning—and how to overcome them.

After earning a degree in Foreign Languages, she worked in Belgium, Switzerland, France, and Italy. These experiences strengthened her belief in the power of languages to make travel, work, and life abroad easier and more enjoyable.

Through years of teaching, she noticed that her most successful students are those who immerse themselves in Italian culture—reading books, listening to radio or audiobooks, and watching Italian films.

This inspired her to begin writing stories tailored to Italian learners, blending her teaching knowledge with her personal experience and offering a fun and natural way for students to learn authentic language and cultural elements.

Her goal is to help as many students as possible build confidence and fall in love with the Italian language.

Now based in New Zealand, Rebecca teaches Italian and writes short story books for learners of Italian and Spanish.

You can follow and connect with Rebecca on Instagram at @languagemyths_italian

Il caos del pronto soccorso - The emergency room chaos

CAPITOLO 1

Parte 1.1

La prima notte - The first night

È venerdì sera. **Fuori**[1] piove. Le **strade**[2] di Roma sono **piene**[3] di traffico. Le **luci**[4] delle ambulanze illuminano l'**ingresso**[5] del **pronto soccorso**[6]. **Dentro**[7] c'è confusione: tanti pazienti, tante urgenze.

Leonardo entra al pronto soccorso. Ha il **camice bagnato**[8] e i **capelli umidi**[9]. **Respira**[10] forte.

Fabio **lo aspetta**[11] vicino all'ingresso. Ha un caffè in mano. "Benvenuto al caos del pronto soccorso!" dice **ridendo**[12].

Leonardo **sospira**[13]. "È un labirinto con le sirene. **Mi sono quasi perso**[14]!"

Ride anche lui, ma è stanco. È il suo primo **turno di notte**[15] al pronto soccorso.

Un'infermiera **si avvicina**[16]. "Dottori, in **sala**[17] 3 (tre) c'è un paziente. Si chiama Marco. **Ferita**[18] alla **gamba**[19], **febbre**[20] alta."

Leonardo prende la **cartella clinica**[21]. Legge:

Marco, 43 anni. **Idraulico**[22]. **Taglio**[23] alla gamba da 3 (tre) giorni. Febbre 38.5 (trentotto punto cinque).

"Andiamo." **incita**[24] Fabio.

Entrano nella stanza. Marco è seduto sul **lettino**[25]. Ha il **viso**[26] stanco, le mani grandi, la **tuta da lavoro**[27] **sporca**[28].

"Ciao Marco!" dice Leonardo. "Cosa **è successo**[29]?"

Marco **mostra**[30] la gamba. "Tre giorni fa **mi sono tagliato**[31] con un **tubo rotto**[32]. Era vecchio ed **arrugginito**[33]. Ho disinfettato, ma ieri è iniziata la febbre."

Fabio si avvicina. "**Hai preso qualcosa**[34] per la febbre?"

"Sì, paracetamolo. Ma **non basta**[35]. Oggi mi sento **peggio**[36]."

Leonardo guarda la ferita. È **gonfia**[37] e la **pelle**[38] è rossa, calda.

"Dove lavori?" chiede Fabio.

"In un **seminterrato**[39]. Vecchio, umido. C'è **muffa**[40]." risponde Marco.

Leonardo lo guarda. "Hai altri sintomi? **Mal di testa**[41]? **Dolori**[42] muscolari?"

Marco **annuisce**[43]. "Sì... mi sento strano. Ma **forse**[44] è solo **stanchezza**[45]."

Leonardo guarda **ancora**[46] la ferita. "Hai lavorato anche con la febbre?"

"Sì. Ho tante richieste. **Non posso fermarmi**[47]." conferma Marco.

Leonardo **prende nota**[48]. Poi si alza e sorride. "Ok, **ora vediamo**[49] cosa possiamo fare."

In quel momento, entra il dottor Corrado Neri, il **capo**[50] del **reparto emergenze**[51]. Alto, **magro**[52], dice con un **tono secco**[53]. "**Che**[54] è successo?"

Leonardo risponde: "Marco ha una ferita **infetta**[55], Dottor Neri. Lavora in un **ambiente**[56] **sporco**[57]. Ha febbre e dolori."

Corrado guarda la ferita per pochi secondi. "**Tachipirina**[58] **e a casa**[59]. Non possiamo fermarci **per ogni taglio**[60]."

"Ma forse **serve**[61] un controllo **in più**[62]..." **prova**[63] a dire Leonardo.

Corrado lo ferma con un **gesto**[64]. "Basta, De Angelis. Qui serve **velocità**[65]. Il pronto soccorso è solo per emergenze." E **se ne va**[66].

Fabio sospira. "**Che carattere**[67]..."

Marco si alza. "Posso andare?"

Leonardo lo guarda. Non è **convinto**[68]. Poi accompagna Marco fuori dalla camera con Fabio e **gli mostra**[69] l'**uscita**[70]. "Se i tuoi sintomi **peggiorano**[71], **per favore**[72] ritorna immediatamente qui al pronto soccorso."

Marco annuisce e se ne va.

Leonardo resta **un attimo**[73] in silenzio. Poi prende **appunti**[74] nella cartella clinica di Marco:

Verificare infezione sistemica. Non **trascurare**[75] febbre e ambiente **contaminato**[76].

Riassunto della storia

Leonardo affronta il suo primo turno di notte al pronto soccorso di un'ospedale a Roma con Fabio. Il loro primo paziente è Marco, un idraulico con febbre e una ferita infetta. Il capo reparto Corrado minimizza il caso, ma Leonardo sospetta un'infezione seria.

Summary of the story

Leonardo faces his first night shift in the emergency room of a hospital in Rome, together with Fabio. Their first patient is Marco, a plumber with a fever and an infected wound. The head of the department, Corrado, minimises the case, but Leonardo suspects a serious infection.

Cultural Insight – Il pronto soccorso in Italia

In Italia, il **pronto soccorso** (*emergency room*) è un servizio pubblico e gratuito (*free*) per tutti, anche per gli stranieri (*foreigners*). Quando arrivi, un infermiere (*nurse*) ti assegna un "**codice colore**" (*colour code*)- bianco, verde, giallo o rosso - in base alla gravità (*seriousness*). L'attesa può essere lunga se il tuo caso non è urgente, ma le cure sono garantite.

Vocabolario

1   **fuori**   outside
2   **strade**   streets
3   **piene**   full
4   **luci**   lights
5   **ingresso**   entrance
6   **pronto soccorso**   emergency room
7   **dentro**   inside
8   **camice bagnato**   wet white coat
9   **capelli umidi**   damp hair
10   **respira**   (he) breathes
11   **lo aspetta**   (he) waits for him
12   **ridendo**   laughing
13   **sospira**   (he) sighs
14   **mi sono quasi perso**   I almost got lost
15   **turno di notte**   night shift
16   **si avvicina**   (he) approaches
17   **sala**   room
18   **ferita**   wound
19   **gamba**   leg

20 **febbre** fever

21 **cartella clinica** medical chart

22 **idraulico** plumber

23 **taglio** cut

24 **incita** (he) urges

25 **lettino** stretcher

26 **viso** face

27 **tuta da lavoro** work overalls

28 **sporca** dirty

29 **è successo** (what) happened

30 **mostra** (he) shows

31 **mi sono tagliato** I cut myself

32 **tubo rotto** broken pipe

33 **arrugginito** rusted

34 **hai preso qualcosa** have you taken something

35 **non basta** it's not enough

36 **peggio** worse

37 **gonfia** swollen

38 **pelle** skin

39 **seminterrato** basement

40 **muffa** mold

41 **mal di testa** headache

42 **dolori** pains

43 **annuisce** (he) nods

44 **forse** perhaps

45 **stanchezza** tiredness

46 **ancora** again

47 **non posso fermarmi** I cannot stop

48 **prende nota** (he) takes notes

49 **ora vediamo** now let's see

50 **capo** head

51 **reparto emergenze** emergency department

52 **magro** thin

53 **tono secco** dry tone

54 **che** what

55 **infetta** infected

56 **ambiente** environment

57 **sporco** dirty

58 **tachipirina** paracetamol

59 **a casa** home

60 **per ogni taglio** for every cut

61 **serve** we need

62 **in più** extra, one more

63 **prova** (he) tries

64 **gesto** gesture

65 **velocità** speed

66 **se ne va** (he) leaves

67 **che carattere** such a temper

68 **convinto** convinced

69 **gli mostra** (he) shows him

70 **uscita** exit

71 **peggiorano** they get worse

72 **per favore** please

73 **un attimo** a moment

74 **appunti** notes

75 **trascurare** to neglect

76 **contaminato** contaminated

Domande a risposta multipla

1) Perché Leonardo ha il camice bagnato e i capelli umidi?

   a. Perché ha fatto la doccia con i vestiti.

   b. Perché ha visitato un paziente nel seminterrato.

   c. Perché è arrivato al pronto soccorso sotto la pioggia.

2) Dove lavora Marco, l'idraulico?

   a. In un seminterrato vecchio e pieno di muffa.

   b. In una casa vecchia e con ferri arrugginiti.

   c. In un seminterrato buio e asciutto.

3) Cosa suggerisce Corrado per curare l'idraulico?

   a. Tachipirina e massaggi.

   b. Tachipirina e ritorno a casa.

   c. Tachipirina e disinfettare la ferita.

Risposte

1) C
2) A
3) B

CAPITOLO 1

Parte 1.2

Una decisione difficile - A difficult choice

Sono le 23:00 (ventitré). Leonardo **sbadiglia**[1] e Fabio beve il suo **terzo**[2] caffè.

Un'infermiera si avvicina ai due dottori. Ha i capelli biondi e uno **sguardo**[3] intenso. "Piacere, dottori. Sono Aurora, un'**infermiera**[4] **in tirocinio**[5] al pronto soccorso."

Leonardo e Fabio **stringono la mano**[6] ad Aurora e lei continua: "Marco, l'idraulico, è tornato. Sta peggio. Ha vomitato."

I dottori e Aurora corrono alla stanza 7 (sette). Marco **è sdraiato**[7], **pallido**[8], **suda**[9] molto. Il **respiro**[10] è più veloce.

Marco apre gli occhi. "**Mi gira la testa**[11] e....**mi fanno male**[12] i muscoli. Anche la **schiena**[13]. E ho la nausea."

Fabio arriva con un termometro per **misurare**[14] la temperatura di Marco. "39.4 (trentanove punto quattro). **Sta salendo**[15]."

Leonardo **ascolta**[16] i **polmoni**[17] di Marco. "E il respiro è più **corto**[18]. Serve misurare la pressione e un test del **sangue**[19]."

L'infermiera **fa il prelievo**[20] mentre Leonardo **rassicura**[21] Marco. "Marco, prova a respirare piano. Ora **ti aiutiamo**[22]."

Marco chiude gli occhi. "Mi sento… strano."

Fabio misura la pressione. "Molto **bassa**[23]."

"Sta entrando in shock. È **sepsi**[24]. Dobbiamo iniziare gli antibiotici adesso!" **grida**[25] Leonardo.

"Ma il Dottor Neri ha detto solo tachipirina…" sussurra l'infermiera.

"**Lo so**[26]." risponde Leonardo. "Ma Marco non può andare a casa. Serve un antibiotico potente. **Subito**[27]. E anche fluidi **in vena**[28]."

"Serve l'autorizzazione." dice l'infermiera.

"**Faccio io il modulo**[29]. Poi vado dal Dottor Neri." risponde Leonardo deciso.

Fabio lo guarda. "Se **sbagli**[30]... **ti sospendono**[31]."

Leonardo prende una **penna**[32]. "Se non facciamo **niente**[33]... Marco peggiora. Forse **muore**[34]."

Fabio annuisce. "Allora... andiamo insieme."

Dopo **mezz'ora**[35], Marco riceve il primo antibiotico. La febbre è ancora alta, ma il respiro è più stabile.

"Corrado **ha sbagliato**[36]. Ma tu **hai visto giusto**[37]." dice Fabio sollevato.

Leonardo annuisce. "Sì, **non era**[38] solo stanchezza. Marco lavora con **tubi vecchi**[39]. In un seminterrato. Con acqua contaminata. È stato infettato da un batterio aggressivo."

"Ma come **hai fatto a capire**[40]?" chiede Fabio.

"Negli Stati Uniti, vediamo casi **simili**[41]. Ma lì, per **curarsi**[42], serve un'assicurazione. **Senza**[43] assicurazione, molte persone non vanno **nemmeno**[44] dal dottore." risponde Leonardo.

Fabio lo guarda **sorpreso**[45]. "**Davvero**[46]?"

"Sì. Gli ospedali pubblici **ci sono**[47], ma le **liste d'attesa**[48] sono **lunghissime**[49], **soprattuto**[50] se non hai un'assicurazione. I centri privati sono veloci, ma costano tanto. **Solo chi ha soldi[51] può usarli[52].**"

Fabio **scuote[53]** la testa. "Qui in Italia è diverso. **Tutti[54]** hanno accesso al sistema sanitario pubblico. **È pagato[55]** con le **tasse[56]**. Anche se non sei **ricco[57]**, puoi **curarti[58]**."

Leonardo sospira. "È una **cosa buona[59]**. Negli Stati Uniti, se non puoi pagare, **a volte[60]** non ricevi nemmeno la terapia **giusta[61]**."

"Il nostro sistema ha **i suoi problemi[62]**. Ma è per tutti." dice Fabio, poi guarda Marco. "Vedi Marco, sei **fortunato[63]** ad essere italiano."

Marco ride **debole[64]**. "Grazie Dottori! **Mi avete salvato[65]**!"

Fabio guarda il suo amico Leonardo **orgoglioso[66]**. "**Tutto merito[67]** di questo dottore americano!"

Alle 06:00 (sei) del mattino, il turno finisce. Leonardo esce dall'ospedale. L'aria è fresca. **Non piove più[68]**.

Sale[69] sul tram. Arriva al Gianicolo e poi corre **lungo il viale alberato[70]** fino in **cima[71]** al **colle[72]**. Respira forte.

Dalla cima vede i **tetti[73]** di Roma, il **Tevere[74]**, la **cupola[75]** di San Pietro.

Chiude gli occhi. "Roma... sei **stancante**[76]. Ma bellissima."

Il telefono vibra. È un messaggio di Lucia.

Ciao Leonardo! Questa settimana io, Silvia e Fabio andiamo al Colosseo per un tour **notturno**[77]. Vieni **anche tu**[78]? **Facci sapere**[79]!

Leonardo sorride. Scrive una risposta **breve**[80]:

Volentieri[81]. A presto.

Poi guarda il **cielo**[82]. All'orizzonte vede una **luce rosa**[83].

Una nuova giornata **sta per cominciare**[84].

Riassunto della storia

L'idraulico Marco ritorna al pronto soccorso con sintomi peggiorati. Leonardo riconosce una sepsi e agisce contro le regole per salvarlo. Leonardo e Fabio riflettono sul sistema sanitario italiano e quello americano. All'alba, Leonardo corre in cima al colle Gianicolo per vedere l'alba.

Summary of the story

The plumber Marco returns to the emergency room with worsened symptoms. Leonardo recognizes sepsis and acts against the rules to save him. Leonardo and Fabio reflect on the Italian and American healthcare systems. At dawn, Leonardo runs to the top of the Gianicolo hill to watch the sunrise.

Cultural Insight – I sette colli di Roma e il Gianicolo

Originariamente Roma è nata su **sette colli** (*hills*) sulla riva (*shore*) sinistra del fiume Tevere per ragioni difensive: Palatino, Aventino, Campidoglio, Quirinale, Viminale, Esquilino e Celio. Ogni colle ha una storia antica e monumenti famosi. Il **Gianicolo**, chiamato anche "l'ottavo colle", non fa parte dei sette colli originali, ma offre una vista bellissima sulla città. Ogni giorno, a mezzogiorno (*midday*), dal Gianicolo parte un colpo di cannone (*a cannon shot is fired*) per tradizione!

Vocabulary

1   **sbadiglia** (he) yawns
2   **terzo** third
3   **sguardo** look
4   **infermiera** nurse
5   **in tirocinio** in training
6   **stringono la mano** they shake hands
7   **è sdraiato** (he) is lying down
8   **pallido** pale

9 **suda** (he) sweats

10 **respiro** breath

11 **mi gira la testa** my head spins

12 **mi fanno male** (my muscles) hurt

13 **schiena** back

14 **misurare** to measure

15 **sta salendo** (it) is rising

16 **ascolta** (he) listens

17 **polmoni** lungs

18 **corto** shallow

19 **sangue** blood

20 **fa il prelievo** (she) takes the sample

21 **rassicura** (he) reassures

22 **ti aiutiamo** we will help you

23 **bassa** low

24 **sepsi** sepsis

25 **grida** (he) shouts

26 **lo so** I know

27 **subito** right away

28 **in vena** in the vein

29 **faccio io il modulo** I will do the form

30 **sbagli** you make a mistake

31 **ti sospendono** they suspend you

32 **penna** pen

33 **niente** nothing

34 **muore** (he) dies

35 **mezz'ora** half an hour

36 **ha sbagliato** (he) has made a mistake

37 **hai visto giusto** you were right

38 **non era** it wasn't

39 **tubi vecchi** old pipes

40 **hai fatto a capire** you manage to understand

41 **simili** similar

42 **curarsi** to get treatment

43 **senza** without

44 **nemmeno** not even

45 **sorpreso** surprised

46 **davvero** Really

47 **ci sono** there are

48 **liste d'attesa** waiting lists

49 **lunghissime** very long

50 **soprattuto** especially

51 **solo chi ha soldi** only those who have money

52 **può usarli** they can use them

53 **scuote** (he) shakes

54 **tutti** everyone

55 **è pagato** is paid

56 **tasse** taxes

57 **ricco** rich

58 **curarti** to treat yourself

59 **cosa buona** good thing

60 **a volte** sometimes

61 **giusta** right

62 **i suoi problemi** its problems

63 **fortunato** lucky

64 **debole** weak

65 **mi avete salvato** you saved me

66 **orgoglioso** proud

67 **tutto merito** all thanks

68 **non piove più** It is no longer raining

69 **sale** (he) goes up

70 **lungo il viale alberato** along the tree-lined avenue

71 **cima** top

72 **colle** hill

73 **tetti** roofs

74 **Tevere** Tiber (Rome's river)

75 **cupola** dome

76 **stancante** tiring

77 **notturno** nighttime

78 **anche tu** you too

79 **facci sapere** let us know

80 **breve** short, brief

81 **volentieri** gladly

82 **cielo** sky

83 **luce rosa** pink light

84 **sta per cominciare** (it) is about to begin

Domande a risposta multipla

1) Perché Marco, l'idraulico, ritorna al pronto soccorso?

   a. Perché i suoi sintomi sono migliorati.

   b. Perché la sua pressione si è alzata.

   c. Perché i suoi sintomi sono peggiorati.

2) Chi ha accesso al sistema pubblico sanitario italiano?

   a. Tutti i cittadini.

   b. Solo chi paga le tasse.

   c. Solo chi ha un'assicurazione.

3) Lucia invita Leonardo a:

   a. Una gita in barca al mare.

   b. Un tour notturno sul Gianicolo.

   c. Un tour notturno al Colosseo.

Risposte

1) C

2) A

3) C

Il pittore di Trastevere - Trastevere's painter

CAPITOLO 2

Parte 2.1

Un artista in crisi - An artist in crisis

È lunedì mattina. Leonardo e Fabio sono **appena**[1] arrivati al pronto soccorso.

"Ciao amico! Come stai? **Sembri riposato**[2]." chiede Fabio a Leonardo.

"Ho dormito tutto il **fine settimana**[3] dopo il primo turno di notte lo **scorso**[4] venerdì." **ammette**[5] Leonardo.

L'infermiera Aurora si avvicina ai 2 (due) dottori con il tablet in mano. "C'è un nuovo paziente in sala 5 (cinque). Si chiama Guido. Fa il **pittore**[6]. Ha 55 (cinquantacinque) anni."

"Pittore d'arte o di **pareti[7]**?" chiede Fabio.

"Di pareti. Ma **dice[8]** che è anche un artista." risponde Aurora sorridendo.

Leonardo prende la cartella clinica. Legge **a voce alta[9]**: "**Capogiri[10]**, **tremori[11]**, **debolezza[12]** alle mani. La diagnosi è... stress e **affaticamento[13]**?"

Aurora **fa una smorfia[14]**. "Il Dottor Corrado ha visitato Guido **stamattina[15]** presto. Ha detto: 'È solo stress. Gli artisti sono tutti un po' strani.' Poi **ha firmato[16]** e **se n'è andato[17]**."

Fabio **alza le sopracciglia[18]**. "**Già deciso[19]** tutto in 5 (cinque) minuti?"

"Sì. È entrato, ha guardato il paziente per 10 (dieci) secondi e ha detto: 'Un **bel bicchiere[20]** d'acqua, **qualche[21]** vitamina, **e via[22]**.'" Aurora imita la voce del dottore e i due amici ridono.

Leonardo **sospira[23]**. "Andiamo a vedere."

Entrano in sala 5 (cinque). Guido è seduto, con le mani sulle **ginocchia[24]**. Ha la **pelle abbronzata[25]**, i capelli **spettinati[26]** e un viso stanco. **Indossa[27]** jeans e una maglietta **macchiata[28]** di **vernice[29]** blu.

"Buongiorno. Io sono Leonardo e lui è Fabio. Come possiamo **aiutarLa[30]**, Signor Guido?" dice Leonardo.

Guido li guarda con un sorriso gentile. "Ciao ragazzi. **Datemi pure del tu**[31]! Non mi sento bene **da giorni**[32]. **Mi gira la testa**[33], ho le mani che tremano…"

"**Da quanto tempo**[34] hai questi sintomi?" chiede Fabio.

"Da circa 2 (due) settimane. Ma **peggiorano**[35]. Oggi **non riuscivo**[36] a **tenere**[37] il **pennello**[38]." risponde Guido. "E non è solo **stanchezza**[39]. Mi sento… confuso."

Leonardo si avvicina. "Dove lavori esattamente?"

"In un piccolo studio a Trastevere. È in un seminterrato. **Dipingo**[40] pareti, ma anche **quadri**[41] **su commissione**[42]. Uso colori **a olio**[43], vernici… **roba forte**[44]."

Leonardo prende nota e osserva le mani dell'**uomo**[45]. Sono macchiate di vernice, ma anche un po' **gonfie**[46]. Poi nota una cosa. "Hai la **lingua**[47] un po' **secca**[48]. Bevi **abbastanza**[49]?"

"Quando lavoro, **dimentico**[50] anche di mangiare. Bevo caffè. Ma acqua… **poca**[51]." ammette Guido.

Fabio misura la pressione: "Bassa. E hai **battito irregolare**[52]."

Aurora li osserva in silenzio, poi sussurra ai dottori: "Corrado… non ha guardato **tutto questo**[53]. Dice sempre che 'chi fa da sé, fa per 3[54] (tre).' Ma **secondo me**[55]… sta **crollando**[56]."

Leonardo la guarda. "Cosa vuoi dire?"

"Non dorme **mai**[57]. Risponde alle e-mail di notte. È bravo, sì. Ma **si fida**[58] solo di **sé stesso**[59]. Non accetta **aiuto**[60]. E ora... **sbaglia**[61]."

Leonardo annuisce. Guarda Guido con più attenzione. "Questo non è solo stress."

Fabio **lo fissa**[62]. "Hai **già**[63] un'idea?"

"Forse." Leonardo si alza. "Facciamo un **prelievo**[64]. Voglio controllare i **metalli**[65] nel **sangue**[66]."

"Sai che **serve**[67] l'autorizzazione del Dottor Corrado per esami specialistici, **vero**[68]?" Aurora guarda Leonardo con un sorriso.

"Non ti preoccupare, Aurora. Forse il Dottor Corrado... **dovrebbe riposare**[69] un po' e **lasciarci fare**[70] il nostro lavoro."

Aurora prende subito la **siringa**[71]. Fabio sorride.

Riassunto della storia

Leonardo e Fabio visitano Guido, un pittore con capogiri e tremori. Corrado pensa che sia stress. Ma i due dottori notano sintomi sospetti. Guido lavora in uno studio al chiuso con vernici e pitture. Leonardo decide di fare un

prelievo senza autorizzazione per controllare i metalli nel sangue.

Summary of the story

Leonardo and Fabio examine Guido, a painter experiencing dizziness and tremors. Corrado believes it's just stress, but the two doctors notice suspicious symptoms. Guido works in a closed studio with paints and solvents. Leonardo decides to run a blood test for metal levels without official authorization.

Cultural Insight – Gli artigiani in Italia

In Italia, gli **artigiani** sono persone che lavorano con le mani e creano oggetti unici: scarpe, borse, gioielli, ceramiche, mobili (*furniture*). Gli artigiani italiani sono noti (*known*) per la loro attenzione ai dettagli e la qualità dei loro prodotti. Ogni regione ha tradizioni diverse. Per esempio, a Firenze si trovano **pellettieri** (*leather goods manufacturer*) famosi; a Roma, invece, artigiani che lavorano la **ceramica** come piastrelle (*tiles*) o vasi. L'artigianato è parte importante della cultura e della storia italiana.

Vocabulary

1   **appena** just
2   **sembri riposato** you seem rested
3   **fine settimana** weekend
4   **scorso** last
5   **ammette** (he) admits
6   **pittore** painter
7   **pareti** walls
8   **dice** (he) says
9   **a voce alta** aloud
10 **capogiri** dizziness
11 **tremori** tremors
12 **debolezza** weakness
13 **affaticamento** fatigue
14 **fa una smorfia** (he) makes a grimace
15 **stamattina** this morning
16 **ha firmato** (he) signed
17 **se n'è andato** (he) has left
18 **alza le sopracciglia** (he) raises his eyebrows
19 **già deciso** already decided
20 **bel bicchiere** nice glass
21 **qualche** some
22 **e via** and off you go
23 **sospira** (he) sighs
24 **ginocchia** knees

25 **pelle abbronzata**   tanned skin

26 **spettinati**   messy

27 **indossa**   (he) wears

28 **macchiata**   stained

29 **vernice**   paint

30 **aiutarLa**   to help you

31 **datemi pure del tu**   please use "tu" with me

32 **da giorni**   for days

33 **mi gira la testa**   my head is spinning

34 **da quanto tempo**   for how long

35 **peggiorano**   they are getting worse

36 **non riuscivo**   I couldn't

37 **tenere**   to hold

38 **pennello**   brush

39 **stanchezza**   tiredness

40 **dipingo**   I paint

41 **quadri**   paintings

42 **su commissione**   on commission

43 **a olio**   in oil

44 **roba forte**   strong stuff

45 **uomo**   man

46 **gonfie**   swollen

47 **lingua**   tongue

48 **secca**   dry

49 **abbastanza**   enough

50 **dimentico**   I forget

51 **poca** little

52 **battito irregolare** irregular heartbeat

53 **tutto questo** all this

54 **chi fa da sé, fa per 3** he who does it himself does it for three (meaning 'if you want something done, do it yourself')

55 **secondo me** in my opinion

56 **sta crollando** (he) is collapsing

57 **mai** never

58 **si fida** (he) trusts

59 **sé stesso** himself

60 **aiuto** help

61 **sbaglia** (he) makes mistakes

62 **lo fissa** (he) stares at him

63 **già** already

64 **prelievo** sample

65 **metalli** metals

66 **sangue** blood

67 **serve** (an authorisation) is needed

68 **vero** right

69 **dovrebbe riposare** (he) should rest

70 **lasciarci fare** let us do

71 **siringa** syringe

Domande a risposta multipla

1) Qual'è la diagnosi del Dottor Corrado per Guido?

a. Stress e affaticamento

b. Stress e pazzia.

c. Affaticamento delle mani.

2) Quali sintomi ha Guido il pittore?

a. Mani secche, lingua gonfia, capogiri.

b. Mani tremanti, lingua secca, capogiri.

c. Gambe tremanti, lingua secca, capogiri.

3) Cosa significa 'chi fa da sé, fa per tre'?

a. Meglio fare qualcosa insieme ad altre tre persone.

b. Meglio fare qualcosa da soli per avere ricavi triplicati.

c. Meglio fare qualcosa da soli per avere risultati migliori.

Risposte

1) A

2) B

3) C

CAPITOLO 2

Parte 2.2

Il veleno nei colori - The poison in the colours

Leonardo e Fabio **stanno bevendo**[1] un caffè nella piccola sala medici. Aurora entra con **passo veloce**[2].

"Ehi, **ragazzi**[3]. I risultati del test per Guido sono **pronti**[4]." dice **mentre**[5] **dà**[6] il **foglio**[7] a Leonardo.

Leonardo legge con attenzione. Poi guarda Fabio. **"Valori**[8] **altissimi**[9] di **piombo**[10] nel sangue."

"Piombo?" chiede Fabio sorpreso. "Come nei **vecchi tubi**[11]?"

"Sì. Ma anche in alcune vernici. **Soprattutto**[12] nei colori usati nei vecchi studi. Guido **è stato esposto**[13] per anni. Ora il suo **corpo**[14] è **avvelenato**[15]." spiega Leonardo.

"Quindi i **tremori**[16]... la **debolezza**[17]... non era stress." dice Aurora seria.

Leonardo annuisce. "È **intossicazione cronica**[18] da piombo. Serve una cura per eliminare il metallo dal corpo. E poi… deve **smettere**[19] di usare quelle vernici."

Fabio sospira. "Che **brutta notizia**[20]. Per lui, la **pittura**[21] è tutto."

Più tardi[22], i 3 (tre) ragazzi entrano nella stanza di Guido.

Leonardo parla con calma. "Guido, abbiamo i risultati. Hai una forma di intossicazione da piombo. **A causa**[23] dei colori che usi."

Guido sospira. "**Allora**[24]… è **colpa**[25] del mio lavoro?"

"Non colpa. Ma una conseguenza." risponde Fabio. "Alcune vernici, soprattutto quelle vecchie, **contengono**[26] sostanze **tossiche**[27]."

"Ma io sono un **artigiano**[28]. Dipingo **da quando**[29] ho 17 (diciassette) anni. È la mia vita." dice Guido con voce **bassa**[30].

"**Lo capiamo**[31]." dice Leonardo. "Ma ci sono vernici moderne, **più sicure**[32]. Possiamo aiutarti a **trovare**[33] alternative."

Guido annuisce. "Ok. **Basta che**[34] posso ancora dipingere."

A fine turno, Fabio, Leonardo ed Aurora camminano verso la **fermata**[35] dell'autobus.

"Qui in Italia ci sono **ancora**[36] tanti artigiani. **Fabbri**[37], pittori, **falegnami**[38]…" dice Fabio.

"Negli Stati Uniti è diverso." risponde Leonardo. "Molti **mestieri**[39] da artigiano **stanno sparendo**[40]. Le persone **comprano**[41] tutto online. I **negozi**[42] piccoli **chiudono**[43]."

"**Che peccato**[44]!" dice Fabio. "Da noi, l'artigiano è una figura importante. **Sa**[45] usare le mani. Ha esperienza. E **spesso**[46]… lavora con il **cuore**[47]."

"Guido è **così**[48]." Leonardo sorride. "E il Colosseo? Anche quello **è stato costruito**[49] da artigiani, **vero**[50]?"

"Certo! **A proposito**[51], stasera andiamo al Colosseo per il tour notturno. **Ricordati**[52]! Abbiamo accesso ai **sotterranei**[53] e all'arena che sono chiusi di giorno normalmente." dice Fabio.

"Sì. Lucia mi ha scritto. Mi ha invitato." conferma Leonardo.

Quella sera[54], Leonardo, Fabio, Lucia e Silvia sono davanti al Colosseo. **Le luci illuminano**[55] i **blocchi di pietra**[56] e le **colonne**[57] antiche.

"È bellissimo!" dice Leonardo. "**Immagino**[58] gli **operai**[59] che lo costruiscono, con **martelli**[60] e **corde**[61]…"

"Sono passati 2.000 (duemila) anni, ma il Colosseo è ancora **in piedi**[62]." commenta Silvia. "Incredibile, no?"

Fabio ride. "**Merito**[63] degli artigiani romani!"

Mentre **scattano**[64] una foto, vedono Aurora che passa **per caso**[65] con un'amica.

"Ciao!" saluta Aurora sorpresa. "**Anche voi qui**[66]?"

"Che coincidenza!" risponde Fabio.

Aurora **si ferma**[67] qualche minuto. Ha un **aspetto molto curato**[68]: **giacca di pelle**[69] nera, jeans **attillati**[70], e **rossetto**[71]. Guarda Leonardo con un sorriso. "**Buona visita**[72], dottori! E Leonardo, sei stato **eccezionale**[73] oggi al pronto soccorso!"

Dopo che[74] lei **si allontana**[75], Lucia guarda Leonardo. "Quella ragazza sembra...molto **carina**[76]. Chi è?"

"Una collega del pronto soccorso. È in tirocinio come infermiera." risponde Leonardo.

Lucia annuisce. "Ah...**capito**[77]."

Fabio **ride sotto i baffi**[78]. "**Dai**[79], Leo... sei diventato popolare al pronto soccorso!"

Leonardo **scuote la testa**[80] ridendo. "**Ma smettila**[81]..."

Lucia cammina **un po' avanti**[82] agli altri. Poi **si gira**[83] e dice: "Andiamo a mangiare un gelato prima della visita al Colosseo?"

"Volentieri." Leonardo **le prende**[84] la mano.

Cammina **accanto**[85] a Lucia, in silenzio, con il **cuore leggero**[86].

Riassunto della storia

Leonardo e Fabio scoprono che Guido soffre di un'intossicazione da piombo causata da vecchie vernici. Lo informano e suggeriscono alternative sicure. Poi parlano dell'importanza degli artigiani in Italia. La sera, con Lucia e Silvia, visitano il Colosseo. Incontrano Aurora, che fa un complimento a Leonardo e suscita la curiosità di Lucia.

Summary of the story

Leonardo and Fabio discover that Guido suffers from lead poisoning caused by old paints. They inform him and suggest safer alternatives. Later, they discuss the importance of artisans in Italy. In the evening, with Lucia and Silvia, they visit the Colosseum. They run into Aurora, who compliments Leonardo, sparking Lucia's curiosity.

Cultural Insight – Il Colosseo di Roma

Il **Colosseo** è uno dei monumenti più famosi di Roma e di tutta l'Italia. È un antico anfiteatro romano costruito (*built*) quasi 2.000 anni fa, dove si tenevano combattimenti (*fights were held*) tra gladiatori, lotte (*fights*) tra animali ed addirittura scontri tra imbarcazioni (*even battles between boats*). Oggi è possibile visitare il Colosseo di giorno e anche di notte, con luci suggestive e poche persone. Il Colosseo ha più di 80 entrate e può contenere 70.000 spettatori!

Vocabolario

1 **stanno bevendo** they are drinking
2 **passo veloce** fast pace
3 **ragazzi** guys
4 **pronti** ready
5 **mentre** while
6 **dà** (she) gives
7 **foglio** paper
8 **valori** values
9 **altissimi** very high
10 **piombo** lead
11 **vecchi tubi** old pipes
12 **soprattutto** especially
13 **è stato esposto** (he) has been exposed

14 **corpo** body

15 **avvelenato** poisoned

16 **tremori** tremors

17 **debolezza** weakness

18 **intossicazione cronica** chronic poisoning

19 **smettere** to stop

20 **brutta notizia** bad news

21 **pittura** painting

22 **più tardi** later

23 **a causa** because of

24 **allora** then

25 **colpa** fault

26 **contengono** they contain

27 **tossiche** toxic

28 **artigiano** craftsman

29 **da quando** since when

30 **bassa** low

31 **lo capiamo** we understand

32 **più sicure** safer

33 **trovare** to find

34 **basta che** as long as

35 **fermata** stop

36 **ancora** still

37 **fabbri** blacksmiths

38 **falegnami** carpenters

39 **mestieri** trades

40 **stanno sparendo** they are disappearing

41 **comprano** they buy

42 **negozi** shops

43 **chiudono** they close

44 **che peccato** what a pity

45 **sa** (he) knows

46 **spesso** often

47 **cuore** heart

48 **così** like this

49 **è stato costruito** (it) was built

50 **vero** right

51 **a proposito** by the way

52 **ricordati** remember

53 **sotterranei** underground

54 **quella sera** that evening

55 **le luci illuminano** the lights illuminate

56 **blocchi di pietra** blocks of stone

57 **colonne** columns

58 **immagino** I imagine

59 **operai** workers

60 **martelli** hammers

61 **corde** ropes

62 **in piedi** standing

63 **merito** thanks to

64 **scattano** they snap

65 **per caso** by chance

66 **anche voi qui**   you here too

67 **si ferma**   (she) stops

68 **aspetto molto curato**   very well-groomed appearance

69 **giacca di pelle**   leather jacket

70 **attillati**   tight-fitting

71 **rossetto**   lipstick

72 **buona visita**   have a good visit

73 **eccezionale**   exceptional

74 **dopo che**   after

75 **si allontana**   (she) walks away

76 **carina**   pretty

77 **capito**   understood

78 **ride sotto i baffi**   (he) chuckles

79 **dai**   come on

80 **scuote la testa**   (he) shakes his head

81 **ma smettila**   come on, stop it

82 **un po' avanti**   a bit further

83 **si gira**   (she) turns

84 **le prende**   (he) takes them

85 **accanto**   next to

86 **cuore leggero**   light heart

Domande a risposta multipla

1) Guido soffre da intossicazione da piombo a causa di:

a. Vecchi tubi.

b. Alcune vernici vecchie.

c. Alcuni cibi contaminati.

2) Perché gli artigiani stanno scomparendo negli Stati Uniti?

a. Perché le persone comprano online.

b. Perché gli artigiani non lavorano bene.

c. Perché gli artigiani sono troppo costosi.

3) Come è vestita Aurora al Colosseo?

a. Jeans attillati e giacca di pelle rossa.

b. Pantaloni neri e giacca da pioggia.

c. Jeans attillati e giacca di pelle nera.

Risposte

1) B

2) A

3) C

Il cuoco stanco - The tired chef

CAPITOLO 3

Parte 3.1

Una vita in cucina - A life in the kitchen

È **mezzogiorno**[1]. Il pronto soccorso è **pieno**[2] e **fa molto caldo**[3]. Fabio entra nella stanza dei medici con 2 (due) **bottigliette d'acqua**[4].

"**Fa un caldo**[5] oggi, sta arrivando l'**estate**[6]... vuoi dell'**acqua**[7], Leonardo?"

Leonardo prende una bottiglietta. "Grazie."

Aurora arriva con passo veloce. "Abbiamo un nuovo paziente in sala 2 (due). Si chiama Stefano. È uno chef molto **conosciuto**[8]. Ha **dolore al piede**[9] e **cammina male**[10]."

"Che tipo di dolore?" chiede Leonardo.

"Dice che è solo stanchezza." risponde Aurora. "Ma **zoppica**[11]. Ed è molto nervoso."

"Chi **l'ha accompagnato**[12]?" domanda Fabio.

"Un ragazzo giovane. Si chiama Federico. È il suo sous chef. **Ha insistito**[13] per **portarlo**[14] qui. Dice che Stefano sta male da giorni, ma non vuole mai **fermarsi**[15]." risponde Aurora.

I due dottori entrano nella stanza 2 (due).

Un uomo **sulla cinquantina**[16] è **in piedi**[17] accanto al lettino. Indossa un **grembiule**[18] da cucina, **scarpe da cuoco**[19] **sporche di farina**[20] e una camicia bianca **macchiata d'olio**[21].

Leonardo **si presenta**[22]: "Buongiorno, io sono il Dottor De Angelis. Questo è il Dottor Fabio. Lei è... Stefano?"

"Chef Stefano, **per favore**[23]." risponde l'uomo con **tono secco**[24]. "Ho **poco tempo**[25]. Tra 2 (due) ore devo essere **in cucina**[26]. Mi hanno portato qui **contro la mia volontà**[27]."

Fabio lo guarda meglio e sorride. "Ma... **io ti conosco**[28]! Tu sei lo chef della **trattoria**[29] '*Roma Sparita*[30]' a Trastevere! Ho mangiato lì 3 (tre) **volte**[31]. I tuoi **tagliolini cacio e pepe**[32] sono famosi!"

Stefano sospira. "Grazie, ma oggi non sto bene. Ho solo un po' di stanchezza. Lavoro **troppo**[33]."

Leonardo nota che Stefano **tiene il peso**[34] su una **sola gamba**[35]. Tiene l'altra gamba **leggermente sollevata**[36].

"Perché **non ti siedi**[37]?" chiede Leonardo.

"Non posso. Se mi siedo, poi **non riesco**[38] a **rialzarmi**[39]. Ho dolore al **piede destro**[40]. Ma non è **nulla**[41], passerà."

Aurora interviene. "Il Dottor Corrado è già passato. Ha detto che è solo stress. **Gli ha prescritto**[42] **riposo**[43] e analisi del sangue **di base**[44]."

Leonardo è stupito. "Non ha controllato il piede?"

Stefano scuote la testa. "Il Dottor Corrado ha detto: '*Hai bisogno*[45] *di dormire, non di medicine*'."

Fabio sussurra a Leonardo: "Corrado **ha fretta**[46] anche oggi…"

Leonardo si avvicina. "Chef, posso solo **dare un'occhiata veloce**[47] al piede?"

Stefano **sbuffa**[48]. "Va bene, ma veloce."

Leonardo **si inginocchia**[49] e **solleva**[50] lentamente **il pantalone**[51]. **Toglie**[52] la scarpa con attenzione. Poi guarda il piede: è gonfio, rosso, caldo. L'**alluce**[53] è molto **infiammato**[54].

"**Hai mai avuto**[55] **qualcosa di simile**[56]?" chiede Leonardo.

"Forse... **anni fa**[57]." **mormora**[58] Stefano.

Fabio osserva. "Leo... quel piede **non sembra solo stanco**[59]."

Leonardo si gira verso Aurora. "Servono esami più specifici. E anche un test per l'**acido urico**[60]."

Aurora annuisce. "**Avverto**[61] subito il laboratorio."

In quel momento entra Corrado. Cammina veloce, prende la cartella, poi guarda Leonardo.

"Che succede? Lo chef ha bisogno di dormire, non di esami **inutili**[62]. È **solo lavoro**[63] in cucina."

Leonardo si alza e lo guarda negli occhi. "Dottore, un **cervello stanco**[64] è **come un bisturi senza lama**[65]: non **taglia**[66]... **fa solo danni**[67]."

Corrado fissa Leonardo, stupito. Poi **alza le spalle**[68]. "**Fate come volete**[69]. Ma io **non firmo**[70] nulla." Esce senza **salutare**[71].

Fabio sussurra. "**Che classe**[72]..."

Leonardo guarda il piede gonfio di Stefano e poi Aurora. "**Andiamo avanti lo stesso**[73]. Questo non è solo stress. È qualcosa di serio."

Aurora annuisce con decisione. "**Hai ragione**[74], dottore."

Riassunto della storia

Leonardo e Fabio visitano Stefano, un noto chef con dolore al piede. Corrado minimizza il caso come stress, ma Leonardo sospetta un problema serio. Così decide di approfondire con esami specifici. Corrado si oppone, ma Leonardo insiste.

Summary of the story

Leonardo and Fabio examine Stefano, a well-known chef with foot pain. Corrado downplays the case as stress, but Leonardo suspects something more serious. He decides to run specific tests. Corrado objects, but Leonardo stands his ground.

Cultural Insight – Piatti tipici romani

Roma è famosa per i suoi piatti tipici come la **carbonara**, l'**amatriciana**, la **cacio e pepe** e i **carciofi alla giudia**. Molti ristoranti nei quartieri (*neighbourhoods*) di Testaccio e Trastevere servono le specialità romane più buone. Un ristorante molto conosciuto è '*Roma Sparita*' a Trastevere. Qui si può mangiare la pasta cacio e pepe servita in un piatto di formaggio croccante (*crunchy cheese*). È un'esperienza unica per chi ama (*for those who love*) la cucina romana!

Vocabolario

1 **mezzogiorno** midday
2 **pieno** full
3 **fa molto caldo** it is very hot
4 **bottigliette d'acqua** water bottles
5 **fa un caldo** it is so hot
6 **estate** Summer
7 **dell'acqua** some water
8 **conosciuto** well-known
9 **dolore al piede** foot pain
10 **cammina male** (he) walks badly
11 **zoppica** (he) limps
12 **l'ha accompagnato** (he) accompanied him
13 **ha insistito** (he) insisted

14 **portarlo** to bring him

15 **fermarsi** to stop

16 **sulla cinquantina** in his fifties

17 **in piedi** standing

18 **grembiule** apron

19 **scarpe da cuoco** chef's shoes

20 **sporche di farina** dirty with flour

21 **macchiata d'olio** stained with oil

22 **si presenta** (he) introduces himself

23 **per favore** please

24 **tono secco** dry tone

25 **poco tempo** little time

26 **in cucina** in the kitchen

27 **contro la mia volontà** against my will

28 **io ti conosco** I know you

29 **trattoria** a type of Italian restaurant, usually family-owned

30 **Roma Sparita** Disappeared Rome

31 **volte** times

32 **tagliolini cacio e pepe** a typical Roman dish with pasta, cheese and pepper

33 **troppo** too much

34 **tiene il peso** (he) keeps the weight

35 **sola gamba** one leg

36 **leggermente sollevata** slightly raised

37 **non ti siedi** you don't sit

38 **non riesco**   I can't, I don't manage to

39 **rialzarmi**   to get up again

40 **piede destro**   right foot

41 **nulla**   nothing

42 **gli ha prescritto**   (he) has prescribed to him

43 **riposo**   rest

44 **di base**   basic

45 **hai bisogno**   you need

46 **ha fretta**   (he) is in a hurry

47 **dare un'occhiata veloce**   to take a quick look

48 **sbuffa**   (he) huffs

49 **si inginocchia**   (he) kneels

50 **solleva**   (he) lifts

51 **il pantalone**   the trouser

52 **toglie**   (he) takes off

53 **alluce**   big toe

54 **infiammato**   inflamed

55 **hai mai avuto**   have you ever had

56 **qualcosa di simile**   something similar

57 **anni fa**   years ago

58 **mormora**   (he) murmurs

59 **non sembra solo stanco**   (it) doesn't just seem tired

60 **acido urico**   uric acid

61 **avverto**   I inform

62 **inutili**   useless

63 **solo lavoro**   only work

64 **cervello stanco**   tired brain

65 **come un bisturi senza lama**   like a scalpel without a blade

66 **non taglia**   (it) doesn't cut

67 **fa solo danni**   (it) only does damage

68 **alza le spalle**   (he) shrugs

69 **fate come volete**   do as you like

70 **non firmo**   I don't sign

71 **salutare**   to greet

72 **che classe**   how classy

73 **andiamo avanti lo stesso**   let's move on anyway

74 **hai ragione**   you are right

Domande a risposta multipla

1) Chi ha portato lo chef Stefano al pronto soccorso?

   a. L'infermiera Aurora.

   b. Il Dottor Corrado.

   c. Lo sous-chef Federico.

2) Dove lavora lo chef Stefano?

   a. In una pizzeria a Roma.

   b. In una trattoria a Trastevere.

c. In una ristorante di classe a Trastevere.

3) Cosa vuole dire Leonardo quando paragona un cervello stanco a un bisturi senza lama?

a. Che la mancanza di sonno può fare danni.

b. Che ci si può tagliare con un bisturi anche senza lama.

c. Che la stanchezza provoca dolori.

Risposte

1) C
2) B
3) A

CAPITOLO 3

Parte 3.2

Il gusto del dolore - The pain's taste

Sono le 15:00 (quindici). Leonardo sta leggendo i risultati degli esami di Stefano.

"Che caldo! **Menomale**[1] abbiamo l'**aria condizionata**[2] in ospedale." Fabio entra nella sala medici con un'altra bottiglia d'acqua. "**Novità**[3]?"

Leonardo annuisce. "**Valori altissimi**[4] di acido urico. E **segni evidenti**[5] di **infiammazione**[6] acuta. Non è stress. È **gotta**[7]."

"Gotta?" chiede Fabio. "Ma non è una **malattia antica**[8]?"

"**Veniva chiamata**[9] 'la malattia dei **re**[10]'." dice Leonardo, "Ma **succede**[11] ancora oggi. Soprattutto ai **cuochi**[12] perché mangiano cibi ricchi, **assaggiano**[13] tutto, e **spesso**[14] bevono vino ogni giorno."

Aurora li guarda seria. "Quindi il piede... è **colpa**[15] della dieta?"

"Sì, è una conseguenza. È una crisi di gotta. Il dolore all'alluce, il **gonfiore**[16], tutto **combacia**[17]." risponde Leonardo.

Più tardi, Leonardo, Fabio e Aurora entrano nella stanza di Stefano.

Leonardo si avvicina con calma. "Chef, abbiamo i risultati. Hai un'infiammazione chiamata gotta. **È legata**[18] ad un **accumulo**[19] di acido urico nel sangue. Troppi cibi ricchi e bicchieri di vino."

Stefano **fa una smorfia**[20]. "Allora è colpa della mia cucina..."

"Dovrai cambiare alcune **abitudini alimentari**[21]. Serve una cura specifica. E un po' di **riposo**[22]." interviene Fabio.

Stefano sospira. "Riposo. Una **parola**[23] che non esiste in cucina."

Leonardo sorride. "Ma se non curi il piede, **rischi**[24] di non cucinare più."

"Va bene. Inizio la cura. Ma **non chiedetemi**[25] di **rinunciare**[26] al cacio e pepe..." **scherza**[27] Stefano. Tutti ridono.

Poi Stefano propone: "Ragazzi, stasera **vi offro**[28] la cena al mio ristorante per ringraziarvi. Alle 20:00 (venti)."

Leonardo sorride. "Con piacere, chef!"

Quella sera, i 3 (tre) ragazzi sono seduti a un tavolo fuori dalla trattoria 'Roma Sparita'. **Si sente**[29] l'**odore**[30] del pane e della pasta.

Stefano, ora in **abiti civili**[31], si avvicina con **passo lento**[32]. "Benvenuti! Questa sera… non cucino io. Ma la cucina **resta**[33] buonissima!"

Ordinano tagliolini cacio e pepe, **coda alla vaccinara**[34], **carciofi alla romana**[35], acqua e vino bianco.

Aurora guarda il menù. "Questo è il **vero**[36] cibo italiano. Semplice, ma con amore."

Fabio annuisce. "In Italia, la trattoria è più di un ristorante. È un **luogo**[37] dove **si mangia**[38] con calma, **si chiacchiera**[39], si ride. È parte della nostra cultura."

Leonardo **riflette**[40]. "Negli Stati Uniti, si mangia spesso **da soli**[41], davanti al computer o in macchina. **Si sceglie**[42] il fast food: è veloce, pratico, ma… non c'è tempo per parlare. E per **godersi**[43] il cibo."

"Qui invece il cibo è 'slow'." aggiunge Fabio. "**Lo prepariamo**[44] piano, lo mangiamo piano, **lo condividiamo**[45]. **Non si tratta**[46] solo di **nutrirsi**[47]. Si tratta di stare insieme."

Leonardo guarda il pane caldo al centro del tavolo. "Capisco. Una trattoria è un posto dove, **non solo**[48] si mangia bene, ma **si costruiscono**[49] anche **ricordi**[50]."

"Sì. In Italia, la trattoria è casa. È tradizione. È famiglia." conclude Fabio.

Stefano **brinda**[51] con un bicchiere d'acqua. "Grazie dottori! In cucina **si lavora duro**[52]. **Si corre**[53], **si suda**[54], si soffre. Ma **lo facciamo**[55] per momenti **come questo**[56]: per offrire un sorriso, un ricordo, un **attimo**[57] di **felicità**[58] **a chi si siede**[59] a tavola."

Leonardo alza il suo bicchiere. "Alla salute... e alla cucina italiana!"

Tutti brindano e ridono.

Leonardo guarda la tavola. È piena di piatti, profumi, **risate**[60]. Pensa: *"In Italia anche una cena è una cura."*

Riassunto della storia

Leonardo difende la sua diagnosi contro Gabriella e Mattia: Sofia non ha la varicella ma un'allergia alla crema alla calendula. Il laboratorio conferma. La nonna di Sofia invita Leonardo e Fabio a cena: gnocchi, saltimbocca,

crostata... Una vera cena italiana. Anche Lucia li invita alla sua festa di compleanno la prossima settimana.

Summary of the story

Leonardo defends his diagnosis against Gabriella and Mattia: Sofia doesn't have chickenpox but an allergy to calendula cream. The lab confirms it. Sofia's grandmother invites Leonardo and Fabio to dinner: gnocchi, saltimbocca, crostata... a true Italian meal. Lucia also invites them to her birthday party next week.

Cultural Insight – Tipi di ristoranti in Italia

In Italia ci sono diversi tipi di ristoranti. La **trattoria** è semplice e familiare, con piatti tradizionali. L'**osteria** è simile, ma spesso è più economica, offre vini locali e meno (*fewer*) piatti. Il **ristorante** è più elegante, con servizio completo. La **pizzeria** serve pizze, ma anche pasta e fritti. Ogni tipo ha il suo stile, ma tutti offrono buon cibo (*good food*)!

Vocabolario

1 **menomale** thank goodness
2 **aria condizionata** air conditioning
3 **novità** news

4 **valori altissimi** very high values

5 **segni evidenti** clear signs

6 **infiammazione** inflammation

7 **gotta** gout

8 **malattia antica** ancient disease

9 **veniva chiamata** (it) was called

10 **re** kings

11 **succede** it happens

12 **cuochi** cooks, chefs

13 **assaggiano** they taste

14 **spesso** often

15 **colpa** fault

16 **gonfiore** swelling

17 **combacia** (it) matches

18 **è legata** is linked

19 **accumulo** accumulation

20 **fa una smorfia** (he) makes a grimace

21 **abitudini alimentari** eating habits

22 **riposo** rest

23 **parola** word

24 **rischi** you risk

25 **non chiedetemi** do not ask me

26 **rinunciare** to give up

27 **scherza** (he) jokes

28 **vi offro** I offer you

29 **si sente** you can smell

30 **odore** smell

31 **abiti civili** civilian clothes

32 **passo lento** slow pace

33 **resta** (the cooking) remains

34 **coda alla vaccinara** oxtail stew in Roman cuisine

35 **carciofi alla romana** ctypical dish of Roman cuisine of pan braised artichokes

36 **vero** true

37 **luogo** place

38 **si mangia** one eats

39 **si chiacchiera** one chats

40 **riflette** (he) reflects, ponders

41 **da soli** alone

42 **si sceglie** one chooses

43 **godersi** to enjoy

44 **lo prepariamo** we prepare it

45 **lo condividiamo** we share it

46 **non si tratta** it's not about

47 **nutrirsi** to feed oneself

48 **non solo** not only

49 **si costruiscono** one builds

50 **ricordi** memories

51 **brinda** (he) toasts

52 **si lavora duro** one works hard

53 **si corre** one runs

54 **si suda** one sweats

55 **lo facciamo** we do it

56 **come questo** like this

57 **attimo** moment

58 **felicità** happiness

59 **a chi si siede** to those who sit

60 **risate** laughter

Domande a risposta multipla

1) Da cosa è causata la gotta?

    a. Da un accumulo di acido urico nel sangue.

    b. Da troppo vino nel sangue.

    c. Da troppo lavoro in cucina.

2) Cosa ordinano Leonardo, Fabio, Aurora e il cuoco come primo piatto?

    a. Acqua e vino bianco.

    b. Coda alla vaccinara.

    c. Tagliolini cacio e pepe.

3) Secondo Fabio, il cibo in Italia è 'slow' perché:

    a. Si prepara e mangia piano, e si condivide.

    b. Si prepara piano ma si mangia veloce.

    c. Si prepara e mangia piano davanti ad un computer.

Risposte

1) A

2) C

3) A

Il taglio invisibile - The invisible cut

CAPITOLO 4

Parte 4.1

Carta e ciclo - Paper and period

È mercoledì mattina. Il cielo sopra Roma è sereno. Un'ambulanza arriva davanti al pronto soccorso. Leonardo e Fabio sono nella sala medici, con i **soliti**[1] caffè in mano.

Aurora entra con **passo deciso**[2]. "Ragazzi, nuova paziente in sala 4 (quattro). Si chiama Marta. Lavora nell'**amministrazione pubblica**[3]. Ha un piccolo **taglio**[4] alla mano ma continua a **vomitare**[5]. E ha una **dolori muscolari**[6] da una settimana dopo un **ciclo mestruale abbondante**[7]."

"Solo per un taglio?" chiede Fabio.

"**C'è di più**[8]." risponde Aurora. "La pelle su piedi e mani **si sta squamando**[9]."

Leonardo si alza subito. "Andiamo a vederla."

In sala 4 (quattro), Marta è seduta sul lettino. È una donna sui 40 (quaranta) anni, con **occhiali rotondi**[10], un vestito semplice e i **capelli raccolti**[11]. Tiene la mano **fasciata**[12]. Ha un viso calmo ma stanco.

Il Dottor Corrado è **già lì**[13]. Guarda Leonardo e Fabio. "Ragazzi, **vi presento**[14] un'assistente amministrativa che **ha litigato**[15] con un **foglio di carta**[16]. La cura? Un **cioccolatino**[17] e una **passeggiata**[18] a Villa Borghese!"

Fabio sorride, ma **senza troppo entusiasmo**[19]. "Ma ha anche la febbre, dolori muscolari e vomito, dottore. E la **ferita**[20]?"

Corrado **alza le spalle**[21]. "Sì, ho visto. Ma **nulla di che**[22]. Forse stress e ciclo mestruale **hanno aggravato**[24] un'**intossicazione alimentare**[24]. **Tutto lì**[25]."

Leonardo si avvicina a Marta, **tocca**[26] la sua **fronte**[27] e guarda i suoi piedi e le mani. "Questi sintomi non sono normali. Forse è un'infezione."

Corrado sospira. "Va bene, **fate voi**[28]. **Ormai**[29] vi conosco. Quando **insistete**[30], c'è un **motivo**[31]. Io ho altri casi più importanti da risolvere."

E mentre esce, aggiunge ridendo: "Ma **non ditemi**[32] che serve una **radiografia**[33] per un taglio!"

Fabio lo guarda uscire. "Le sue **battute**[34] non cambiano mai..."

Leonardo sorride. "Ma ha ascoltato. **È già qualcosa**[35]." Poi domanda a Marta: "Usi **assorbenti interni**[36], **per caso**[37]?"

Marta **si sorprende**[38]. "Sì, sono **comodi**[39] quando lavoro perché non posso andare spesso in bagno."

Leonardo annuisce. "Facciamo un esame del sangue e delle urine. Vorrei **escludere**[40] un'infezione da **streptococco**[41]."

"A cosa stai pensando, Leo?" chiede Fabio curioso.

"Un taglio non causa vomito o **desquamazione cutanea**[42]. **A meno che non si tratti di**[43] un'infiammazione più profonda." spiega Leonardo. "Secondo me, il taglio sulla mano è solo una coincidenza. Il vero problema **può essere stato causato**[44] dall'**uso sbagliato**[45] dei **tamponi**[46] che favoriscono un **eccessivo accumulo**[47] di batteri durante il ciclo mestruale. È un'infezione molto rara ma possibile."

Fabio è preoccupato. "Stai parlando di **sindrome da shock tossico**[48]?"

"Può essere. Dobbiamo **agire in fretta**[49]." conferma Leonardo.

Aurora prepara tutto per gli esami. Poi guarda Leonardo. "**Hai ricevuto**[50] il messaggio dall'amministrazione dell'ospedale?"

Leonardo la guarda. "Che messaggio?"

"Hai un **appuntamento**[51] alla **Questura**[52] per **rinnovare**[53] il tuo **permesso di soggiorno**[54]. Il prossimo mercoledì mattina."

Leonardo fa una smorfia. "**Uff**[55]… burocrazia italiana."

Fabio ride, poi dice: "Oh no, non posso **accompagnarti**[56]. Mercoledì prossimo è il mio **giorno libero**[57] e pranzo dai miei genitori."

Aurora sorride a Leonardo. "Se vuoi, vengo io. So come funziona la Questura. E conosco **pure**[58] un **buon bar nelle vicinanze**[59]."

Leonardo sorride. "Va bene. Accetto l'aiuto."

Aurora lo guarda negli occhi **per un attimo di troppo**[60]. Poi si gira verso Marta con la siringa. "Pronta per il prelievo?"

Leonardo pensa: "*Un piccolo taglio… che forse **nasconde**[61] qualcosa di più grande.*"

Riassunto della storia

Leonardo e Fabio visitano Marta, un'impiegata con tosse, febbre e svenimenti dopo un piccolo taglio. Corrado minimizza il caso, ma Leonardo sospetta un'infezione grave. Ordina esami per escludere la sepsi. Intanto, Aurora si offre di accompagnare Leonardo alla Questura per il rinnovo del permesso di soggiorno.

Summary of the story

Leonardo and Fabio examine Marta, an office worker with a cough, fever, and fainting spells following a small hand cut. Corrado downplays the case, but Leonardo suspects a serious infection and orders tests to rule out sepsis. Meanwhile, Aurora offers to accompany Leonardo to the police station to renew his residency permit.

Cultural Insight – Visto & Permesso di Soggiorno in Italia

In Italia i **cittadini europei** necessitano solo di un documento di identità. Invece (*instead*), i **cittadini non europei** hanno bisogno di un **visto** (*visa*) per entrare nel Paese per un determinato periodo e per uno scopo (*objective*) specifico: per turismo, lavoro, studio o motivi familiari (*family reasons*). Dopo l'arrivo, serve anche un **permesso di soggiorno** (*residence permit*) per restare più di 90 giorni. Il permesso si richiede (*is requested*) alla **Questura** (*police headquarters*) e serve per studiare, lavorare o vivere in Italia legalmente (*legally*).

Vocabulary

1 **soliti** the usual
2 **passo deciso** determined stride
3 **amministrazione pubblica** public administration
4 **taglio** cut
5 **vomitare** to vomit
6 **dolori muscolari** muscle pain
7 **ciclo mestruale abbondante** copious menstrual cycle
8 **c'è di più** there's more
9 **si sta squamando** (it) is peeling off
10 **occhiali rotondi** round glasses
11 **capelli raccolti** hair tied up
12 **fasciata** bandaged
13 **già lì** already there
14 **vi presento** let me introduce you
15 **ha litigato** (she) has argued
16 **foglio di carta** piece of paper
17 **cioccolatino** chocolate
18 **passeggiata** walk

19 **senza troppo entusiasmo**   without too much enthusiasm

20 **ferita**   wound

21 **alza le spalle**   (he) shrugs

22 **nulla di che**   nothing special

23 **hanno aggravato**   they have worsened

24 **intossicazione alimentare**   food poisoning

25 **tutto lì**   that's all

26 **tocca**   (he) touches

27 **fronte**   forehead

28 **fate voi**   you decide

29 **ormai**   by now

30 **insistete**   you insist

31 **motivo**   reason

32 **non ditemi**   don't tell me

33 **radiografia**   x-ray

34 **battute**   jokes

35 **è già qualcosa**   it's already something

36 **assorbenti interni**   after cutting (her hand)

37 **per caso**   to exclude

38 **si sorprende**   (she) is surprised

39 **comodi**   comfortable

40 **escludere**   to exclude

41 **streptococco**   streptococcus

42 **desquamazione cutanea**   peeling patches of skin

43 **a meno che non si tratti di**   unless it's not

44 **può essere stato causato** (it) can be caused

45 **uso sbagliato** wrong use

46 **tamponi** tampons

47 **eccessivo accumulo** excessive accumulation

48 **sindrome da shock tossico** toxic shock syndrome

49 **agire in fretta** to act quickly

50 **hai ricevuto** have you received

51 **appuntamento** appointment

52 **questura** police headquarters

53 **rinnovare** to renew

54 **permesso di soggiorno** residence permit

55 **uff** ugh

56 **accompagnarti** to accompany you

57 **giorno libero** day off

58 **pure** even

59 **buon bar nelle vicinanze** good bar nearby

60 **per un attimo di troppo** for a moment too long

61 **nasconde** (it) hides

Domande a risposta multipla

1) Secondo Corrado, cosa ha aggravato una possibile intossicazione alimentare di Marta?

   a. Una passeggiata a Villa Borghese.

   b. I cioccolatini che ha mangiato.

c. Ciclo mestruale e stress.

2) Quali esami vuole fare Leonardo per Marta?

a. Esame del sangue e radiografia dei polmoni.

b. Esame del sangue e radiografia della mano.

c. Esame dell'urina e del sangue.

3) Perché Leonardo ha un appuntamento alla Questura?

a. Per rinnovare il suo permesso di soggiorno.

b. Per rinnovare il suo contratto di lavoro.

c. Per problemi con la sicurezza pubblica.

Risposte

1) **C**

2) **C**

3) **A**

CAPITOLO 4

Parte 4.2

Il timbro - The stamp

Il mercoledì **successivo**[1] Leonardo e Aurora sono in metropolitana in direzione Piazza Venezia.

"**Allora**[2]... cosa **ti serve**[3] per il permesso di soggiorno?" chiede Aurora.

Leonardo **tira fuori**[4] una **busta**[5] dal suo **zaino**[6]. "Passaporto, vecchio permesso di soggiorno, **codice fiscale**[7], dichiarazione del tirocinio, **ricevuta del bollettino**[8]... **manca**[9] solo il **timbro**[10]."

"Ah, il timbro!" esclama Aurora. "In Italia senza timbro **non sei nessuno**[11]. Ti serve per tutto: scuola, lavoro, ospedale, **perfino**[12] per cambiare residenza."

Leonardo sospira. "Negli Stati Uniti è tutto digitale. Ci sono documenti, sì, ma **non così tanti timbri**[13]."

"In Italia il timbro è una **prova**[14]. È reale. Se c'è un timbro, è ufficiale...ma è anche **lento**[15]. Preparati a **fare la fila**[16] in Questura." **spiega**[17] Aurora.

Aurora poi chiede: "**A proposito**[18] di timbri e amministrazione pubblica, come sta Marta, la paziente con taglio alla mano?"

"I risultati dell'esame del sangue e delle urine di Marta hanno confermato sindrome da shock tossico, causata dall'infezione per assorbenti interni." risponde Leonardo. "Marta è sempre **seduta**[19], tra **archivi**[20] e **carte**[21]. Troppo lavoro. Nessuna pausa. **Neanche**[22] per andare in bagno."

"È **per questo**[23] che le mani e i piedi **si squamavano**[24]." riflette Aurora. "È un'infezione pericolosa, **povera**[25] Marta."

"E Corrado ha accettato la nostra diagnosi. **Ha firmato**[26] subito per gli antibiotici e Marta sta molto meglio adesso, è tornata a lavorare." sorride Leonardo soddisfatto.

"Corrado **sta cambiando**[27]." dice Aurora. "Piano, ma sta cambiando. **Grazie a te**[28]!"

Escono dalla metropolitana alla fermata Piazza Venezia. La piazza è piena di autobus, taxi, turisti con **macchine fotografiche**[29].

Attraversano[30] la **piazza**[31] e camminano verso la Questura dei **Carabinieri**[32].

Leonardo osserva l'**imponente Monumento a Vittorio Emanuele II**[33]. "Wow… è enorme. Non l'avevo mai visto **da vicino**[34]."

Aurora sorride. "Lo chiamiamo '*la **macchina da scrivere**'*[35]. Perché sembra una macchina da scrivere gigante!"

Leonardo ride. "Originale! Non vedo una macchina da scrivere **da decenni**[36]. Ma in Italia….tutto è possibile. Documenti, timbri e…" Leonardo guarda la **lunga fila**[37] fuori dalla Questura. "…file **interminabili**[38]!"

"Ti presento la burocrazia italiana!" sorride Aurora. "Ma mentre aspetti, bevi un caffè, parli con qualcuno, **magari scopri**[39] una **storia**[40]."

In fila, Leonardo riceve un **chiamata**[41] sul cellulare. È Lucia.

"Ciao Lucia!….Ah ok, allora **non puoi uscire**[42] stasera? Hai una riunione?…Ok, ci vediamo **un altro giorno**[43]. A presto!" Leonardo conclude la chiamata

Aurora fa un piccolo sorriso. "Lucia è sempre molto **impegnata**[44]…"

Leonardo annuisce. "Sì. Lavora tanto."

Aurora lo guarda. "Tu **ti fidi di lei**[45]?"

Leonardo la guarda sorpreso. "Sì, certo. Perché?"

"Perché un **fidanzato**[46] americano **può aprire molte porte**[47]." dice Aurora con calma. "Anche **quella per un visto**[48] per gli Stati Uniti."

Leonardo resta in silenzio un momento. Poi risponde: "Lucia **non è così**[49]. Non sta con me **per quello**[50]."

Aurora **abbassa**[51] lo sguardo. "Spero che **tu abbia ragione**[52]."

La fila si muove **lentamente**[53]. Leonardo guarda il cielo. Aurora **sbadiglia**[54].

In quel momento, una donna **in uniforme**[55] cammina **verso di loro**[56]. È Marta. "Dottor De Angelis?"

Leonardo dice con sorpresa: "Marta! Che piacere **rivederti**[57]. Come stai?"

"Molto meglio, grazie a voi. E oggi ti aiuto io." sorride Marta. "Vieni con me. Possiamo fare tutto subito."

Aurora lo guarda sorpresa. "Wow, sei famoso, Leo!"

Leonardo ride. "In un paese dove tutto **richiede**[58] un timbro… a volte **basta**[59] un **gesto gentile**[60] per aprire le porte."

Riassunto della storia

Leonardo e Aurora vanno in Questura per il permesso di soggiorno. Parlano della paziente Marta, guarita dalla sindrome da shock tossico grazie alla diagnosi di Leonardo. Aurora insinua dubbi su Lucia, ma Leonardo la difende. Alla Questura, Marta li riconosce e li fa passare avanti, mostrando gratitudine per il loro aiuto.

Summary of the story

Leonardo and Aurora go to the police station to renew his residence permit. They talk about Marta, who recovered from toxic shock syndrome thanks to Leonardo's diagnosis. Aurora expresses doubts about Lucia, but Leonardo defends her. At the station, Marta recognizes them and lets them skip the long line, showing appreciation for their help.

Cultural Insight – Piazza Venezia & il Monumento a Vittorio Emanuele II

Piazza Venezia è una delle piazze più importanti di Roma. Qui si trova (*you can find*) il **Monumento a Vittorio Emanuele II**, chiamato anche "Altare della Patria (*homeland altar*)". È dedicato al primo re (*king*) d'Italia e simbolo dell'Unità (*unification*) d'Italia. Il monumento è bianco e maestoso, ed è

82

chiamato scherzosamente 'macchina da scrivere (*typewriter*)' o 'torta nunziale (*wedding cake*)'.

Vocabulary

1 **successivo** next
2 **allora** so
3 **ti serve** you need
4 **tira fuori** (he) pulls out
5 **busta** envelope
6 **zaino** backpack
7 **codice fiscale** tax code
8 **ricevuta del bollettino** receipt of the payment slip
9 **manca** it is missing
10 **timbro** stamp
11 **non sei nessuno** you are nobody
12 **perfino** even
13 **non così tanti timbri** not so many stamps
14 **prova** proof
15 **lento** slow
16 **fare la fila** to stand in line
17 **spiega** (she) explains
18 **a proposito** by the way
19 **seduta** sitting
20 **archivi** archives
21 **carte** papers

22 **neanche** not even

23 **per questo** for that

24 **si squamavano** they were peeling off

25 **povera** poor

26 **ha firmato** he has signed

27 **sta cambiando** is changing

28 **grazie a te** thanks to you

29 **macchine fotografiche** cameras

30 **attraversano** they cross

31 **piazza** square

32 **carabinieri** Italian military police

33 **imponente Monumento a Vittorio Emanuele II** imposing Monument to Vittorio Emanuele II (one of the Italian kings in the past)

34 **da vicino** up close

35 **macchina da scriver** typewriter

36 **da decenni** for decades

37 **lunga fila** long line

38 **interminabili** interminable

39 **magari scopri** maybe you discover

40 **storia** story

41 **chiamata** call

42 **non puoi uscire** you can't go out

43 **un altro giorno** another day

44 **impegnata** busy

45 **ti fidi di lei** you trust her

46 **fidanzato** boyfriend

47 **può aprire molte porte** (he) can open many doors

48 **quella per un visto** that for a visa

49 **non è così** (she) isn't like that

50 **per quello** for that

51 **abbassa** (she) lowers

52 **tu abbia ragione** you are right

53 **lentamente** slowly

54 **sbadiglia** (she) yawns

55 **in uniforme** in uniform

56 **verso di loro** toward them

57 **rivederti** to see you again

58 **richiede** (everything) requires

59 **basta** it is enough

60 **gesto gentile** kind gesture

Domande a risposta multipla

1) Secondo Aurora, il Dottor Corrado sta cambiando perché:

a. Ha accettato di andare in vacanza.

b. Ha accettato la diagnosi di Leonardo per Marta.

c. Ha firmato un altro contratto di lavoro.

2) Come chiamano alcune persone il Monumento a Vittorio Emanuele II?

a. La Questura dei Carabinieri.

b. Il timbro gigante.

c. La macchina da scrivere.

3) Aurora insinua che Leonardo non può fidarsi di Lucia perché:

a. Lucia forse vuole un visto per gli Stati Uniti.

b. Lucia forse vuole sposarsi negli Stati Uniti.

c. Non si può avere un fidanzato americano in Italia.

Risposte

1) B

2) C

3) A

Il parrucchiere di Via del Corso - The hairdresser from Via del Corso

CAPITOLO 5

Parte 5.1

Fare bella figura - Make a good impression

È giovedì mattina. L'aria è calda e **il sole splende**[1]: è arrivata l'**estate**[2] a Roma.

Leonardo entra nel pronto soccorso con 2 (due) caffè. Uno è per Fabio, **come sempre**[3]. Ma Fabio non c'è.

Aurora saluta Leonardo mentre controlla un paziente. "Ciao Leo! Fabio è **già**[4] in sala 2 (due). C'è un nuovo caso."

Leonardo va subito in sala 2 (due). Dentro trova Fabio e un uomo elegante con un **taglio di capelli alla moda**[5], **baffi e barba**[6] **curati**[7], e **vestiti firmati**[8]. Indossa una camicia bianca **stirata**[9] e jeans attillati.

"Ciao! Sei Leonardo?" chiede l'uomo. "Io sono Luca. Faccio il **parrucchiere**[10]."

"Piacere, Luca." Leonardo **stringe la mano**[11] al parrucchiere. Nota subito qualcosa: la mano di Luca è debole e **trema leggermente**[12].

Fabio spiega **sottovoce**[13]: "Dice che ha dolore e **formicolio**[14] alla mano destra. Ma minimizza tutto. Secondo lui è solo stanchezza."

"**Da quanto tempo**[15] hai questi sintomi?" chiede Leonardo.

"2 (due)... 3 (tre) settimane." risponde Luca. "Ma lavoro tanto. Tengo le **forbici**[16] tutto il giorno. È normale, no?"

Leonardo osserva il **polso**[17] e le **dita**[18]. "**Ogni tanto**[19] **perdi la sensibilità**[20] alle dita? O **ti svegli**[21] di notte con la mano **intorpidita**[22]?"

Luca **si irrigidisce**[23]. "A volte, sì. Ma **non è grave**[24], vero? Non posso fermarmi, devo lavorare. Ho clienti **ogni mezz'ora**[25]."

In quel momento, Corrado entra nella stanza con il telefono in mano. Parla in **tono dolce**[26]: "Sì mamma... ho mangiato... certo, anche i **piselli**[27] con il prosciutto... ho dormito 8 (otto) ore... sì, sì, anche il **pisolino**[28] dopo pranzo... va bene mamma, **ti richiamo dopo**[29]... **baci**[30]!"

Fabio cerca di non ridere. Corrado **si accorge**[31] di essere stato ascoltato.

Leonardo sorride. "Pisolino dopo pranzo, dottore?"

Corrado ride. "Sì, tra un **arresto cardiaco**[32] e un **trauma cranico**[33]! Ma mia madre **vuole sentire**[34] che va tutto bene. Devo **fare bella figura**[35]."

Luca si volta. "Fare bella figura. Eh sì, noi italiani **viviamo**[36] per questo."

Corrado annuisce. "Anche se sei stanco, anche se hai **dolore**[37]... devi sembrare perfetto **davanti agli altri**[38]. Specialmente noi uomini."

Poi diventa serio. "Controllate bene la mano di Luca. Se è solo **tendinite**[39], bene. Ma se è **altro**[40], **intervenite**[41] subito." Corrado esce.

Leonardo guarda Luca. "Possiamo fare degli esami, Luca. Una visita neurologica, magari un'**elettromiografia**[42]."

"Elettro... cosa?" chiede Luca confuso.

"Un test per i **nervi**[43] della mano. Vogliamo capire se c'è un'infiammazione più seria." spiega Fabio.

Luca guarda le sue mani. "Io vivo con queste mani. Se **smetto di usarle**[44]... **non sono più io**[45]."

Poi abbassa la voce. "Mia moglie **mi ha obbligato**[46] a venire qui. Ma io non volevo. Non voglio **perdere**[47] un giorno di lavoro. E non voglio che i miei clienti **sappiano**[48] che ho un problema."

Leonardo lo guarda negli occhi. "Ti aiutiamo. Ma prima devi accettare che c'è un problema."

Luca annuisce piano. "Va bene. Facciamo l'esame."

Riassunto della storia

Leonardo e Fabio visitano Luca, un parrucchiere con dolore e formicolio alla mano. Luca non vuole smettere di lavorare, temendo di perdere clienti. Dopo una telefonata comica con la madre, Corrado incoraggia i due dottori ad indagare. Leonardo propone esami neurologici. Luca accetta, perché capisce l'importanza di affrontare il problema.

Summary of the story

Leonardo and Fabio meet Chiara, a girl who has been tired for weeks. Mattia insists it's anemia and mocks Leonardo, but Leonardo suspects a food intolerance. In the afternoon, Fabio and Leonardo walk along the Tiber River and observe a couple arguing passionately in public. Leonardo is intrigued by Italian-style arguments.

Cultural Insight – Fare bella o brutta figura in Italia

In Italia, '**fare bella figura**' significa fare una buona impressione (*make a good impression*) nel modo in cui (*in the way*) ti vesti (*you dress*), parli o ti comporti (*your behave*). Al contrario, '**fare brutta figura**' vuol dire fare una cattiva (*bad*) impressione. Per gli italiani, è importante rispettare le regole sociali e apparire educati e curati. Gli italiani cercano di (*try to*) fare bella figura anche con gesti quotidiani (*daily gestures*), come dire 'buongiorno' o vestirsi bene (*dress nicely*) per un evento.

Vocabulary

1   **il sole splende**   the sun is shining
2   **estate**   Summer
3   **come sempre**   as always

4 **già** already

5 **taglio di capelli alla moda** fashionable haircut

6 **baffi e barba** mustache and beard

7 **curati** well-groomed

8 **vestiti firmati** designer clothes

9 **stirata** ironed

10 **parrucchiere** hairdresser

11 **stringe la mano** (he) shakes the hand

12 **trema leggermente** (it) trembles slightly

13 **sottovoce** in a low voice

14 **formicolio** tingling

15 **da quanto tempo** for how long

16 **forbici** scissors

17 **polso** wrist

18 **dita** fingers

19 **ogni tanto** every now and then

20 **perdi sensibilità** you lose the sensitivity

21 **ti svegli** you wake up

22 **intorpidita** numb

23 **si irrigidisce** (he) stiffens

24 **non è grave** it's not serious

25 **ogni mezz'ora** every half an hour

26 **tono dolce** sweet tone

27 **piselli** peas

28 **pisolino** nap

29 **ti richiamo dopo** I'll call you back later

30 **baci** kisses

31 **si accorge** (he) realizes

32 **arresto cardiaco** cardiac arrest

33 **trauma cranico** head trauma

34 **vuole sentire** (she) wants to hear

35 **fare bella figura** to make a good impression

36 **viviamo** we live

37 **dolore** pain

38 **davanti agli altri** in front of others

39 **tendinite** tendinitis

40 **altro** other

41 **intervenite** intervene

42 **elettromiografia** electromyography

43 **nervi** nerves

44 **smetto di usarle** I stop using them

45 **non sono più io** I'm no longer myself

46 **mi ha obbligato** (she) forced me

47 **perdere** to lose

48 **sappiano** they know

Domande a risposta multipla

1) Che sintomi ha Luca il parrucchiere?

   a. Perde sensibilità alla mano sinistra e ha dolore.

   b. Perde i capelli e ha dolore alla testa.

c. Perde sensibilità alla mano destra e ha dolore.

2) Cosa vuol dire 'fare bella figura'?

    a. Apparire perfetto davanti alle altre persone.

    b. Sembrare giovane davanti alle altre persone.

    c. Vivere la vita senza problemi.

3) Perché Luca non voleva andare al pronto soccorso?

    a. Per non perdere un giorno di lavoro.

    b. Per non perdere la fiducia della moglie.

    c. Per non lavorare con alcuni clienti.

Risposte

1) **C**

2) **A**

3) **A**

CAPITOLO 5

Parte 5.2

Dietro le apparenze - Behind appearances

Nel pomeriggio Leonardo e Fabio entrano nella stanza di Luca con un **foglio**[1] in mano: "Ecco i risultati dell'esame. Non è tendinite."

"Luca, i tuoi sintomi **indicano**[2] sindrome del **tunnel carpale**[3]."annuncia Leonardo.

Luca è confuso: "**Che cos'è**[4]?"

"È un problema del nervo nel **polso**[5]. Quando usi tanto le mani, specialmente in lavori precisi **come il tuo**[6], il nervo **si comprime**[7]. Per questo motivo senti formicolio e **debolezza**[8]." spiega Leonardo.

"Succede **spesso**[9] ai parrucchieri. Ma **si può curare**[10]." Fabio aggiunge.

"Davvero? Non è grave?" chiede Luca nervoso.

Leonardo sorride. "No, ma serve riposo e, forse, una **fasciatura**[11] per il polso. E **meno tagli di capelli**[12] per qualche giorno."

Luca sospira: "Mia moglie aveva ragione. Ha insistito per **portarmi**[13] qui. Ma non volevo prendere un giorno libero. E non volevo che i clienti **sapessero**[14]…"

Fabio annuisce. "Capisco. Ma ora sai **cos'hai**[15]. E puoi curarti."

"Grazie mille, dottori." Luca stringe la mano a Fabio e Leonardo. "Per ringraziarvi… vi offro un **taglio gratuito**[16]! Ho un **salone**[17] elegante in Via del Corso."

"Via del Corso? Non ci sono mai stato." dice Leonardo con un sorriso.

"È una delle **vie**[18] più famose di Roma. Ci sono **negozi di moda**[19], e boutique molto eleganti. Il mio salone è lì, al **secondo piano**[20] di un **palazzo storico**[21]." spiega Luca.

"Ok, accetto volentieri. È tempo per un nuovo look!" dice Leonardo. "Ma aspettiamo **almeno**[22] una settimana. Ricordati Luca, riposo e meno tagli per qualche giorno."

Fabio **si tocca**[23] i capelli. "Grazie Luca, ma ho **appena**[24] tagliato i capelli. **Magari un'altra volta**[25]." Poi ride. "Leo, **stai per diventare**[26] il **medico**[27] più elegante di Roma!"

"Beh[28], magari[29] un nuovo taglio mi aiuterà[30] a fare… bella figura." Leonardo ribatte[31].

La settimana dopo, Leonardo cammina piano in Via del Corso dopo aver tagliato i capelli. Indossa una camicia azzurra di lino[32] e gli occhiali da sole[33]. Si sente molto elegante e molto…italiano.

Il sole del pomeriggio illumina le vetrine[34] dei negozi.

Si ferma davanti a una vetrina elegante. Dentro c'è un vestito[35] rosa molto carino[36].

Leonardo pensa: "Questo sembra perfetto per Lucia! Sono sicuro che le piacerà[37] per la prima messa[38] del nuovo Papa[39] nel Vaticano."

Leonardo compra il vestito ed esce dal negozio con il sacchetto[40] in mano, tutto felice.

Cammina ancora un po'[41] e vede una gelateria famosa: Il Gelato di San Crispino. "E un gelato sembra perfetto con questo caldo!"

Si avvicina alla gelateria, ma poi si ferma[42]. Vede 2 (due) persone familiari sedute a un tavolino[43] fuori: sono Fabio e Lucia. Stanno parlando e ridono insieme.

Leonardo li guarda. Il suo **cuore**[44] si ferma. "*Aurora mi ha chiesto se mi fido di Lucia... Ma Fabio è mio amico. E Lucia... mi ha detto che **era occupata**[45] oggi.*"

Si avvicina lentamente al tavolino. "Ciao. Che sorpresa **trovarvi**[46] qui."

Lucia sorride un po' **imbarazzata**[47]: "Leonardo! Stiamo prendendo un gelato dopo il lavoro. Vuoi **sederti**[48] con noi?"

Fabio aggiunge: "Sì, vieni Leo. Stiamo parlando del nuovo progetto di Silvia e Lucia in ospedale. Lucia ha **delle buone idee**[49]."

Leonardo annuisce. Ma il suo viso è serio. "Capito. Non voglio disturbare. Buon gelato." **Si gira**[50] e se ne va veloce.

Leonardo cammina da solo tra le vie del centro. Arriva vicino a Piazza di Spagna. Si siede su una **panchina**[51]. Guarda la **gente**[52] che passa. Pensa. "*Forse **sto esagerando**[53]. Ma... non mi sento **tranquillo**[54].*"

Il suo cellulare vibra. È un messaggio di Lucia:

"*Tutto bene? **Sembravi**[55] un po' strano **prima**[56].*"

Leonardo guarda il messaggio. Non risponde. **Mette via**[57] il telefono e resta in silenzio.

Riassunto della storia

Leonardo e Fabio diagnosticano a Luca il parrucchiere la sindrome del tunnel carpale. Per ringraziare i due dottori, Luca gli offre un taglio di capelli gratuito. Dopo una settimana Leonardo visita il salone di Luca e taglia i capelli, compra un vestito per Lucia, ma poi la vede con Fabio a prendere un gelato. Non si sente tranquillo e si allontana pensieroso.

Summary of the story

Leonardo and Fabio diagnose Luca, the hairdresser, with carpal tunnel syndrome. To thank the two doctors, Luca offers them a free haircut. A week later, Leonardo visits Luca's salon for a haircut and buys a dress for Lucia. However, he later sees Lucia with Fabio having ice cream. He feels uneasy and walks away deep in thought.

Cultural Insight – Via del Corso & Shopping a Roma

Via del Corso è una delle strade più famose per lo shopping a Roma. Si trova nel centro storico e collega (*it links*) Piazza Venezia a Piazza del Popolo. Qui ci sono tanti negozi: dalle grandi marche (*brands*) italiane a quelle internazionali, fino ai piccoli negozi di souvenir. È il posto perfetto per passeggiare (*stroll*), comprare vestiti o semplicemente guardare le vetrine (*shop windows*).

Vocabulary

1   **foglio**   sheet
2   **indicano**   they indicate, suggest
3   **tunnel carpale**   carpal tunnel
4   **che cos'è**   what is it
5   **polso**   wrist
6   **come il tuo**   like yours
7   **si comprime**   (it) is compressed
8   **debolezza**   weakness
9   **spesso**   often
10   **si può curare**   it can be treated
11   **fasciatura**   bandage
12   **meno tagli di capelli**   fewer haircuts
13   **portarmi**   to bring me
14   **sapessero**   they knew
15   **cos'hai**   what you have, you suffer from
16   **taglio gratuito**   free haircut
17   **salone**   salon
18   **vie**   streets
19   **negozi di moda**   fashion shops
20   **secondo piano**   second floor
21   **palazzo storico**   historic building

22 **almeno** at least

23 **si tocca** (he) touches

24 **appena** just

25 **magari un'altra volta** maybe another time

26 **stai per diventare** you are about to become

27 **medico** doctor

28 **beh** well

29 **magari** maybe

30 **mi aiuterà** (it) will help me

31 **ribatte** (he) replies

32 **di lino** made of linen

33 **occhiali da sole** sunglasses

34 **vetrine** shop windows

35 **vestito** dress

36 **molto carino** very nice

37 **le piacerà** she will like it

38 **messa** mass

39 **papa** pope

40 **sacchetto** bag

41 **ancora un po'** some more

42 **si ferma** (he) stops

43 **tavolino** small table

44 **cuore** heart

45 **era occupata** (she) was busy

46 **trovarvi** to find you

47 **imbarazzata** embarrassed

48 **sederti** to sit down

49 **delle buone idee** some good ideas

50 **si gira** (he) turns

51 **panchina** bench

52 **gente** people

53 **sto esagerando** I am exaggerating

54 **tranquillo** calm

55 **sembravi** you seemed

56 **prima** before

57 **mette via** (he) puts away

Domande a risposta multipla

1) Quale cura deve seguire Luca il parrucchiere?

    a. Riposo, fasciatura al polso e meno tagli di capelli per una settimana.

    b. Riposo e meno piegamenti per una settimana.

    c. Fasciatura al polso e impacchi di erbe medicinali.

2) Cosa compra Leonardo per Lucia?

    a. Un vestito azzurro di lino.

    b. Un vestito rosa per la messa del Papa.

    c. Una camicia azzurra di lino.

3) Perché Leonardo non si ferma a prendere un gelato con Silvia e Fabio?

    a. Perché vuole andare in Piazza di Spagna da solo.

    b. Perché non ha più voglia di gelato ma di pizza.

    c. Perché è sorpreso di trovarli assieme e vuole stare da solo a pensare.

Risposte

1) **A**

2) **B**

3) **C**

Notte in bianco - Sleepless night

CAPITOLO 6

Parte 6.1

Sempre sveglia - Always awake

È sera tardi. I **corridoi**[1] del pronto soccorso sono sempre **rumorosi**[2]: ambulanze, dottori e infermieri al lavoro e la **fila**[3] di pazienti che aspettano davanti alla reception.

Fabio entra nella sala medici con una **fetta di torta**[4]. "Un altro turno di notte! Leo, vuoi qualcosa da mangiare?"

Leonardo risponde con **tono freddo**[5]: "No, grazie. Sto lavorando."

Fabio lo guarda **perplesso**[6]. "Ok... tutto bene?"

Leonardo non alza lo sguardo: "Sto bene. Pensiamo ai pazienti, non **al resto**[7]."

Aurora entra, interrompendo la tensione. "Ragazzi, paziente in sala 3 (tre). Si chiama Carla. Lavora di notte. Ha problemi a dormire, mal di testa e **bruciore**[8] di stomaco."

"Da quanto tempo?" chiede Fabio.

"Da mesi. Dice che prende **Valium**[9] per dormire." risponde Aurora guardando la cartella clinica.

Leonardo si alza **bruscamente**[10]: "Andiamo a vedere Carla."

In sala 3 (tre), Carla è seduta sul letto. Ha **occhiaie**[11] nere e il viso **esausto**[12]. Indossa una **tuta grigia**[13] e **gioca nervosamente**[14] con le dita.

"Non dormo mai. Mi sveglio sempre. E la testa **mi esplode**[15]…" Carla cerca di non **piangere**[16].

"Capisco Carla, non sei sola. Lavori di notte, giusto?" Leonardo cerca di **rassicurarla**[17].

Carla annuisce. "Sì, da 2 (due) anni. Turni lunghi. Quando torno a casa la mattina, prendo una **pillola**[18] per dormire."

"E dopo, mangi?" chiede Fabio.

Carla conferma. "Sì, **faccio colazione**[19] prima di andare a dormire: pane, **salumi**[20], caffè... Mi aiuta a rilassarmi. Ma poi **mi brucia**[21] lo stomaco."

Leonardo la guarda **pensieroso**[22]. "Probabilmente hai **reflusso gastrico**[23]. Serve un'**endoscopia**[24]. Ma serve anche cambiare **abitudini**[25]: meno caffè, **pasti leggeri**[26] e forse... **orari**[27] diversi."

Carla annuisce stanca. "**Ci proverò**[28]. Ma **mi pagano**[29] bene al call center di notte e io ho bisogno di **soldi**[30]."

In quel momento, Corrado entra nella stanza. Ha i capelli **scompigliati**[31] e una mano sulla **fronte**[32]. "Se **cercate**[33] un altro paziente... potete visitare me. Ho un mal di testa che **mi spacca**[34]." dice con il suo forte accento romano.

Fabio chiede gentilmente. "Tutto ok, dottore?"

Corrado **fa no**[35] con la testa. "Ho fatto un'altra **notte in bianco**[36]. **Neanche**[37] un minuto di **sonno**[38] perché **ho preso**[39] il turno di un collega."

"Notte in bianco? Cosa significa?" Leonardo è confuso.

Aurora sorride: "In Italia diciamo 'fare una notte in bianco' quando non dormi **per niente**[40]. **Né**[41] un'ora, né un minuto."

Leonardo **si rivolge**[42] a Corrado con un sorriso: "E la mamma? **Lo sa**[43]?"

"**Figuriamoci**[44]! Le ho detto che ho dormito 8 (otto) ore e ho mangiato lasagne **fatte in casa**[45]. Ma in realtà... cena da **distributore automatico**[46] e una notte **senza sogni**[47]." **scherza**[48] Corrado.

"Serve anche a te una terapia del sonno." Fabio **ribatte**[49].

Corrado **si strofina**[50] gli occhi. "**Mi basta**[51] una sedia e 5 (cinque) minuti di **pace**[52]." Poi esce.

Carla lo osserva. "Lui è come me. Sempre **sveglio**[53]..."

"Vedi Carla, non sei sola. Ma possiamo aiutarti. E la tua prima cura è il riposo." annuncia Leonardo.

Fabio si avvicina a Leonardo e chiede a bassa voce: "Leo, **parliamo un attimo**[54]?"

Leonardo lo guarda **freddamente**[55]: "Adesso no. Ho **altro da fare**[56]."

Fabio si ferma, **ferito**[57]. Aurora guarda **entrambi**[58] con preoccupazione.

Leonardo si gira verso il corridoio, e lascia la stanza da solo, in silenzio.

Riassunto della storia

Durante un turno di notte, Leonardo e Fabio incontrano la paziente Carla, che lavora in un call center di notte e soffre di insonnia, mal di testa e bruciore di stomaco. Sospettano un reflusso gastrico e programmano un'endoscopia e cambi di abitudini. Anche Corrado ha mal di testa a causa di una "notte in bianco". Leonardo è distante e freddo con Fabio.

Summary of the story

During a night shift, Leonardo and Fabio see Carla, a call center worker suffering from insomnia, headaches, and heartburn. They suspect acid reflux and schedule an endoscopy along with lifestyle changes. Corrado also complains of a headache after a sleepless night. Leonardo remains distant and cold toward Fabio.

Cultural Insight – Espressioni con il colore 'bianco'

In italiano ci sono tante espressioni con il colore bianco! Per esempio, **'una notte in bianco'** significa non dormire tutta la notte. **'Diventare bianco come un lenzuolo** (*bed sheet*)**'** vuol dire avere molta paura o sentirsi male (*feeling unwell*). E **'avere carta** (*paper*) **bianca'** significa avere libertà (*freedom*) di fare qualcosa come si vuole (*something the way you want*). Ed infine, '**Di punto** (from period / dot) **in bianco**' vuol dire all'improvviso (*suddenly*).

Vocabulary

1 **corridoi** corridors
2 **rumorosi** noisy
3 **fila** line
4 **fetta di torta** slice of cake
5 **tono freddo** cold tone
6 **perplesso** perplexed
7 **al resto** to everything else
8 **bruciore** burning
9 **valium** an anxiolytic commonly used to sleep
10 **bruscamente** abruptly
11 **occhiaie** dark circles
12 **esausto** exhausted
13 **tuta grigia** grey tracksuit
14 **gioca nervosamente** (she) plays nervously
15 **mi esplode** (it) is exploding
16 **piangere** to cry
17 **rassicurarla** to reassure her
18 **pillola** pill
19 **faccio colazione** I have breakfast
20 **salumi** cold cuts

21 **mi brucia** it burns

22 **pensieroso** thoughtful

23 **reflusso gastrico** acid reflux

24 **endoscopia** endoscopy

25 **abitudini** habits

26 **pasti leggeri** light meals

27 **orari** schedules

28 **ci proverò** I will try

29 **mi pagano** they pay me

30 **soldi** money

31 **scompigliati** messy

32 **fronte** forehead

33 **cercate** you look for

34 **mi spacca** it is splitting me

35 **fa no** (he) shakes his head (to say no)

36 **notte in bianco** sleepless night

37 **neanche** not even

38 **sonno** sleep

39 **ho preso** I took

40 **per niente** not at all

41 **né** nor

42 **si rivolge** (he) addresses

43 **lo sa** (she) knows

44 **figuriamoci** imagine

45 **fatte in casa** homemade

46 **distributore automatico** vending machine

47 **senza sogni** without dreams

48 **scherza** (he) jokes

49 **ribatte** (he) replies

50 **si strofina** (he) rubs

51 **mi basta** that's enough for me

52 **pace** peace

53 **sveglio** awake

54 **parliamo un attimo** let's talk for a moment

55 **freddamente** coldly

56 **altro da fare** something else to do

57 **ferito** hurt

58 **entrambi** both

Domande a risposta multipla

1) Che cosa prende Carla per dormire?

   a. Un amaro per digerire.

   b. Una pillola per dormire ossia Valium.

   c. Un caffè con latte.

2) 'Passare la notte in bianco' significa:

   a. Non dormire tutta la notte.

   b. Dormire solo con coperte bianche.

c. Prendere il turno di un collega di lavoro.

3) Come ha passato la notte il Dottor Corrado?

a. Non ha dormito e ha mangiato dal distributore automatico.

b. Non ha dormito ma ha mangiato lasagne fatte in casa.

c. Ha fatto molti sogni e ha mangiato dal distributore automatico.

Risposte

1) **B**

2) **A**

3) **A**

CAPITOLO 6

Parte 6.2

Quando Roma non dorme - When Rome doesn't sleep

È mezzanotte **passata**[1]. Leonardo e Fabio tornano nella stanza di Carla. Lei è stanca, ma sorride un po'.

Leonardo apre la cartella clinica. "Carla, abbiamo i risultati. Hai una forma di reflusso gastrico, si chiama **GERD**[2]."

"GERD?" chiede Carla, confusa.

"È quando l'acido dello stomaco **sale**[3] e irrita l'**esofago**[4]." spiega Leonardo. "Succede spesso quando **si mangia tanto**[5] e poi **si va subito**[6] a dormire."

"Quindi... è colpa del caffè e dei panini al **salame**[7] prima di dormire?" dice Carla ironica.

"Un po' sì." sorride Fabio. "E anche dei tuoi orari. Il tuo corpo è confuso. Lavori di notte, mangi tanto al mattino e dormi poco."

"**Dovresti parlare**[8] con il tuo **medico di base**[9]." aggiunge Leonardo. "Forse un lavoro **diurno**[10] può aiutarti. E **intanto**[11] possiamo darti una terapia per il reflusso."

Carla sospira. "Dormire bene... **mi sembra un sogno**[12]."

Leonardo prende una sedia e si siede vicino a lei. "**Ti insegno**[13] un esercizio che puoi fare prima di andare a letto. Si chiama **respirazione profonda**[14]."

Poi continua. "Prima di dormire, prova questo: **inspira**[15] lentamente dal **naso**[16] per 4 (quattro) secondi... **trattieni**[17] il **respiro**[18] per 4 (quattro) secondi... **espira**[19] lentamente dalla **bocca**[20] per 4 (quattro) secondi. **Ripetilo**[21] per 10 (dieci) **volte**[22]."

Carla prova. Fabio la osserva. "Brava. Anche io **lo faccio**[23] prima degli esami."

Dietro di loro, Corrado ascolta in silenzio. Si avvicina e dice piano: "Interessante. **Dovrei provarlo anch'io**[24]... Grazie, Leonardo."

Leonardo lo guarda sorpreso. "Prego, dottore."

Corrado **si allontana**[25] senza battute. Leonardo **lo segue**[26] con lo sguardo, poi Fabio si avvicina. "Leo, **ti va di uscire**[27] dopo il turno?"

Leonardo lo guarda con freddezza. "Perché? Vuoi **spiegarmi**[28] perché **eri**[29] con Lucia ieri?"

Fabio sospira. "Sì. Lucia è insicura. La sua **relazione**[30] con te è la sua prima **storia seria**[31]. **Ha paura**[32] che **tu non sia serio**[33], **soprattutto**[34] per Aurora. Stavo cercando di rassicurarla."

Leonardo rimane in silenzio. Fabio continua: "E Lucia aiuta me. Sto cercando di capire la mia relazione con Silvia. Parliamo spesso."

Leonardo abbassa lo sguardo. "Forse ho esagerato…"

"È normale. Ma adesso vieni con me. È la '***notte bianca***[35]'."

"La notte bianca?" chiede Leonardo.

"È una **festa**[36] in tutta Roma. Musei, bar, negozi: tutto resta aperto tutta la notte. Si cammina, si ride, si guarda l'arte. È come una notte in bianco…ma per un **bel motivo**[37]!"

Leonardo sorride incerto. "Ok, andiamo."

Un'ora dopo, Leonardo e Fabio sono al Circo Massimo. Davanti a loro, **mille sfere**[38] colorate **si accendono**[39] lentamente. Cambiano colore e illuminano il **prato**[40].

"Si chiama ***Massimo Silenzio***[41]." dice Fabio. "Un'**opera d'arte**[42] che **parla alla città**[43]."

Leonardo osserva in silenzio. "È bellissimo."

"**E pensa**⁴⁴..." dice Fabio. "...ci sono notti **senza sonno**⁴⁵ che **fanno male**⁴⁶... e notti come questa che **ti fanno bene**⁴⁷."

Leonardo lo guarda. "Grazie, Fabio."

Fabio **allunga**⁴⁸ la mano a Leonardo. "**Pace, carote e patate**⁴⁹?"

Leonardo stringe la mano a Fabio. "Immagino che significhi '**fare pace**⁵⁰'?."

"Esatto, **amico mio**⁵¹!" sorride Fabio.

E insieme **si perdono**⁵² tra le luci della Notte Bianca.

Riassunto della storia

Leonardo e Fabio diagnosticano un reflusso gastrico (GERD) a Carla. Le suggeriscono cambiamenti nello stile di vita. Leonardo insegna un esercizio di respirazione per aiutarla. Dopo un chiarimento su Lucia e Aurora, Leonardo e Fabio fanno pace. Passeggiano insieme durante la "Notte Bianca" a Roma, e apprezzano le opere d'arte l'atmosfera notturna.

Summary of the story

Leonardo and Fabio diagnose Carla with gastric reflux (GERD) and suggest lifestyle changes. Leonardo teaches her a breathing exercise to help. After a clarification about Lucia and Aurora, Leonardo and Fabio reconcile. They walk together during Rome's "Notte Bianca" and enjoy the city's art installations and nighttime atmosphere.

Cultural Insight – Notti bianche in Italia

La **Notte Bianca** è un evento speciale in molte città italiane. I musei, i negozi e i locali restano aperti tutta la notte, con concerti, mostre e spettacoli gratuiti (free *exhibitions and shows*). La **prima Notte Bianca del mondo** si è svolta (*it was held*) a **Lanciano nel 1833**, per celebrare il ritorno dei sacerdoti (*priests*) dal Vaticano con le corone d'oro (*golden crowns*) per la statua della Madonna del Ponte. La **prima Notte Bianca moderna** in Italia fu a **Roma nel 2003**, famosa anche per un grande **blackout elettrico**: tutta l'Italia rimase (*remained*) senza elettricità e molte persone a Roma rimasero bloccate in strada (*in the streets*) o in metropolitana.

Vocabulary

1 **passata** passed
2 **GERD** gastroesophageal reflux disease
3 **sale** (it) raises
4 **esofago** esophagus
5 **si mangia tanto** one eats a lot
6 **si va subito** one goes immediately
7 **salame** salami, cold cuts
8 **dovresti parlare** you should talk
9 **medico di base** general practitioner
10 **diurno** daytime
11 **intanto** in the meantime
12 **mi sembra un sogno** it feels like a dream
13 **ti insegno** I will teach you
14 **respirazione profonda** deep breathing
15 **inspira** inhale
16 **naso** nose
17 **trattieni** hold
18 **respiro** breath
19 **espira** exhale
20 **bocca** mouth
21 **ripetilo** repeat it
22 **volte** times
23 **lo faccio** I do it
24 **dovrei provarlo anch'io** I should try it as well

25 **si allontana** (he) moves away

26 **lo segue** (he) follows him

27 **ti va di uscire** do you feel like going out

28 **spiegarmi** to explain to me

29 **eri** you were

30 **relazione** relationship

31 **storia seria** serious relationship

32 **ha paura** (she) is afraid

33 **tu non sia serio** you are not serious

34 **soprattutto** especially

35 **notte bianca** white night festival

36 **festa** festival

37 **bel motivo** good reason

38 **mille sfere** a thousand spheres

39 **si accendono** they light up

40 **prato** lawn

41 **massimo silenzio** maximum silence

42 **opera d'arte** artwork

43 **parla alla città** (it) talks to the city

44 **e pensa** and to think

45 **senza sonno** without sleep

46 **fanno male** they hurt

47 **ti fanno bene** they are good for you

48 **allunga** (he) stretches

49 **pace, carote e patate** to make peace (an Italian saying among children or friends)

50 **fare pace** to make peace

51 **amico mio** my friend

52 **si perdono** they get lost

Domande a risposta multipla

1) Lucia si confida con Fabio sulla relazione con Leonardo perché:

    a. È la sua prima storia seria ed è insicura.

    b. Non è una ragazza seria ed è insicura.

    c. Le piace Fabio ed non vuole dirlo a Leonardo.

2) La 'notte bianca' è una notte in cui:

    a. Tutti i musei, bar e negozi restano aperti.

    b. Tutti i musei, bar e negozi si colorano di bianco.

    c. Non si dorme e si digiuna.

3) Cosa significa 'pace, carote e patate'?

    a. Stringere la mano.

    b. Fare pace.

    c. Cucinare assieme.

Risposte

1) A

2) A

3) B

La donna con il gatto - The woman with the cat

CAPITOLO 7

PARTE 7.1

Strane coincidenze - Strange coincidences

È una mattina **luminosa**[1] al pronto soccorso. Fabio ha il suo giorno libero mentre Leonardo e Corrado **stanno chiacchierando allegramente**[2].

Aurora entra nella sala medici: "Abbiamo una nuova paziente: si chiama Alba, fa la **cartomante**[3]. Ha febbre, **eruzioni cutanee**[4] e dice di **essere stata colpita**[5] da una **maledizione**[6]. Ha un **gatto**[7] nero **con sé**[8] e non vuole **lasciarlo**[9]."

Corrado si gira interessato. "Una cartomante? Interessante. **Magari mi legge il futuro**[10]."

Aurora lo guarda seria. "**Per favore**[11], Corrado. **Non incoraggiamo**[12] queste **sciocchezze**[13]."

"Aurora, Corrado **sta scherzando**[14]. E poi ogni paziente **merita rispetto**[15], **indipendentemente**[16] dalle sue **credenze**[17]." Leonardo **rimprovera**[18] Aurora con un sorriso.

Aurora sembra stupita. "Ma Leonardo, non possiamo **permettere**[19] che **superstizioni popolari influenzino**[20] la medicina."

"Beh, io **ho sempre evitato**[21] di passare **sotto le scale**[22]. **Non si sa mai**[23]." sorride Corrado.

Aurora sbuffa, **infastidita**[24]. "**Davvero**[25], Corrado? Anche tu con queste credenze?"

"**Non mi dire**[26] che non hai mai evitato i gatti neri? **Come si dice**[27], **prevenire**[28] è meglio che curare." Corrado lascia la stanza con un sorriso.

"Aurora, capisco il tuo **punto di vista**[29], ma dobbiamo essere aperti e **comprensivi**[30]." dice Leonardo.

Aurora **si lamenta**[31]. "Ma dobbiamo **basarci**[32] sulla scienza, non sulle credenze popolari."

"Certo, ma dobbiamo usare la scienza per **rassicurare**[33] i pazienti, non per **giudicarli**[34]." **ribatte**[35] Leonardo.

Aurora è ancora più infastidita. "E Lucia? Anche lei con le sue **preghiere**[36] e la sua **fede cieca**[37] nella religione?"

"Cosa **c'entrano**[38] Lucia e la religione? **Non importa**[39] se **crede in Dio**[40] o nel Buddha o è **atea**[41]. Lei è autentica e spontanea." risponde Leonardo **seccamente**[42].

Aurora lo guarda irritata. "Ma tu sei un medico, Leonardo. Dovresti **apprezzare**[43] la razionalità. Lucia è così….**banale**[44]."

Leonardo capisce che Aurora è **gelosa**[45] della sua relazione con Lucia. "Aurora, apprezzo la razionalità, ma **l'amore non segue**[46] una logica. A me piace Lucia perché è 'Lucia', è genuina, e questo è **ciò che conta**[47]. "

Aurora abbassa lo sguardo. "Capisco…**Non avrebbe mai funzionato**[48] tra di noi…io sono troppo 'complicata'."

"Non dire sciocchezze! Hai una **mente brillante**[49] e uno **spirito**[50] curioso. Sono sicuro che **incontrerai**[51] qualcuno che apprezza il tuo carattere. Ma **quel qualcuno**[52] non sono io **purtroppo**[53]." spiega Leonardo. "Possiamo rimanere **amici**[54], **però**[55]. Ho bisogno di qualcuno con una mente lucida al lavoro."

Leonardo **fa l'occhiolino**[56] ad Aurora e indica Corrado che **è rientrato**[57] nella stanza.

"Ragazzi, allora venite a visitare la cartomante? Speriamo che **non ci predica sventure**[58]."

"Corrado!" Aurora rimprovera Corrado ma sorride a Leonardo.

"**Scherzavo**[59], scherzavo. Andiamo." dice Corrado **di buon umore**[60].

Entrano nella stanza di Alba. È una donna sui quarant'anni, con lunghi capelli neri e occhi intensi. Indossa **abiti**[61] colorati e ha un gatto nero sulle **ginocchia**[62].

Alba ha il viso stanco. "Dottori, ho la febbre da giorni e queste **macchie**[63] **non spariscono**[64]. Penso di essere stata **maledetta**[65]."

"Alba, **raccontaci**[66] tutto. Quando sono iniziati i sintomi?" chiede Leonardo gentile.

Alba sospira. "**Una settimana fa**[67]. Dopo che **ho letto le carte**[68] ad una cliente molto **arrabbiata**[69]. **Da allora**[70], febbre, mal di testa e queste macchie."

Leonardo osserva il gatto nero di Alba. "Come si chiama?"

"Nerone. Non mi lascia mai." dice Alba.

Leonardo osserva le macchie: sono piccole, rosse, **simili a graffi**[71]. **Tocca**[72] i **linfonodi**[73] sotto le **ascelle**[74]: sono **ingrossati**[75].

"A cosa stai pensando, Leonardo?" chiede Corrado.

"A un prelievo del sangue. Vorrei **testare**[76] la presenza di infezione da **Bartonellosi**[77]." risponde Leonardo.

"'Barto' **che**[78]?" chiede Alba con tono preoccupato.

"La malattia da **graffio di gatto**[79]!" dicono **in coro**[80] Leonardo e Corrado.

"Presto, **toccatevi**[81] naso, **orecchio**[82] e di nuovo naso." dice Aurora. Poi spiega a Leonardo: "Devi fare **così**[83] quando dici una parola nello **stesso istante**[84] con **qualcun altro**[85]. Se non lo fai, **non ti sposerai mai**[86]."

"Ah, allora non sei immune alle superstizioni." ride Leonardo. E si tocca naso, orecchio e di nuovo naso.

Riassunto della storia

Leonardo, Corrado e Aurora incontrano Alba, una cartomante convinta di essere maledetta, con febbre e macchie cutanee. Leonardo ipotizza un'infezione da graffio di gatto e ordina esami. Intanto, Aurora si mostra

infastidita da superstizioni e religione e mostra gelosia verso Lucia, ma chiarisce con Leonardo, accettando di restare amici.

Summary of the story

Leonardo, Corrado, and Aurora meet Alba, a fortune teller convinced she's cursed, with fever and skin rashes. Leonardo suspects cat scratch disease and orders tests. Meanwhile, Aurora expresses frustration with superstitions and religion, and shows jealousy toward Lucia, but she and Leonardo clarify their feelings and agree to remain friends.

Cultural Insight – Le superstizioni italiane più famose

In Italia ci sono tante **superstizioni** che portano fortuna (*bring luck*) o sfortuna (*bad luck*). Per esempio, **il numero 17** porta sfortuna, mentre un **cornetto** (*amulet in the shape of a horn*) **rosso** porta fortuna. Non si passa mai **sotto una scala** (*ladder*) e **non si apre l'ombrello in casa**! Alcune persone credono che **rompere uno specchio** (*breaking a mirror*) porti 7 anni di sfortuna. Queste credenze (*beliefs*) fanno parte della cultura italiana e molti le rispettano… anche solo per precauzione (*as a precaution*)!

Vocabulary

1 **luminosa** bright
2 **stanno chiacchierando allegramente** they are chatting happily
3 **cartomante** fortuneteller
4 **eruzioni cutanee** skin rashes
5 **essere stata colpita** to have been struck
6 **maledizione** curse
7 **gatto** cat
8 **con sé** with her
9 **lasciarlo** to leave it
10 **magari mi legge il futuro** maybe she'll read my future
11 **per favore** please
12 **non incoraggiamo** let's not encourage
13 **sciocchezze** nonsense
14 **sta scherzando** (he) is joking
15 **merita rispetto** (he/she) deserves respect
16 **indipendentemente** regardless
17 **credenze** beliefs
18 **rimprovera** (he) scolds
19 **permettere** to allow
20 **superstizioni popolari influenzino** popular superstitions influence
21 **ho sempre evitato** I have always avoided
22 **sotto le scale** under ladders

23 **non si sa mai** you never know

24 **infastidita** annoyed

25 **davvero** really

26 **non mi dire** don't tell me

27 **come si dice** as they say

28 **prevenire** to prevent

29 **punto di vista** point of view

30 **comprensivi** understanding

31 **si lamenta** (she) complains

32 **basarci** to base ourselves

33 **rassicurare** to reassure

34 **giudicarli** to judge them

35 **ribatte** (he) replies

36 **preghiere** prayers

37 **fede cieca** blind faith

38 **c'entrano** they have to do with

39 **non importa** it doesn't matter

40 **crede in Dio** (she) believes in God

41 **atea** atheist

42 **seccamente** dryly

43 **apprezzare** to appreciate

44 **banale** trivial

45 **gelosa** jealous

46 **l'amore non segue** love does not follow

47 **ciò che conta** what matters

48 **non avrebbe mai funzionato** it would never have worked

49 **mente brillante** brilliant mind

50 **spirito** spirit

51 **incontrerai** you will meet

52 **quel qualcuno** that someone

53 **purtroppo** unfortunately

54 **amici** friends

55 **però** however

56 **fa l'occhiolino** (he) winks

57 **è rientrato** (he) has come back

58 **non ci predica sventure** (she) doesn't preach misfortunes to us

59 **scherzavo** I was joking

60 **di buon umore** in a good mood

61 **abiti** clothes

62 **ginocchia** knees

63 **macchie** spots

64 **non spariscono** they don't disappear

65 **maledetta** damned

66 **raccontaci** tell us

67 **una settimana fa** a week ago

68 **ho letto le carte** I have read the cards

69 **arrabbiata** angry

70 **da allora** since then

71 **simili a graffi** similar to scratches

72 **tocca** (he) touches

73 **linfonodi** lymph nodes

74 **ascelle** armpits

75 **ingrossati** swollen

76 **testare** to test

77 **bartonellosi** bartonellosis

78 **che** what

79 **graffio di gatto** cat scratch

80 **in coro** in chorus

81 **toccatevi** touch (your)

82 **orecchio** ear

83 **così** like so

84 **stesso istante** same instant

85 **qualcun altro** someone else

86 **non ti sposerai mai** you will never marry

Domande a risposta multipla

1) Cosa pensa Aurora di superstizioni popolari e religione?

    a. Che influenzano troppo la medicina.

    b. Che sono razionali e autentiche.

    c. Che sono sciocchezze e banalità.

2) Perché Alba la cartomante pensa di essere maledetta?

   a. Perché ha letto le carte a una cliente molto arrabbiata.

   b. Perché ha letto le carte al suo gatto nero.

   c. Perché le macchie sulla pelle non spariscono.

3) Se dici una parola nello stesso istante con qualcun altro, la superstizione vuole che:

   a. Entrambi tocchino naso, ginocchia e di nuovo naso.

   b. Entrambi tocchino naso, orecchio e di nuovo naso.

   c. Entrambi non si sposino mai.

Risposte

1) C

2) A

3) B

CAPITOLO 7

PARTE 7.2

Medicina e mistero - Medicine and mystery

La mattina seguente, Leonardo riceve i risultati del test per Alba: positivi per Bartonellosi.

Leonardo entra nella stanza di Alba: "Alba, abbiamo confermato che hai la 'malattia da graffio di gatto'. È causata da un **batterio**[1] che i gatti possono **trasmettere attraverso**[2] graffi o **morsi**[3]."

Alba è stupita. "Nerone **mi ha graffiato**[4] qualche giorno fa mentre **giocavamo**[5]. Allora, anche Nerone è **ammalato**[6]."

"Non preoccuparti." **la rassicura**[7] Leonardo. "Nella **maggior parte**[8] dei casi, questa infezione **si risolve da sola**[9]. Ma per **accelerare**[10] la **guarigione**[11], **ti prescriverò**[12] antibiotici specifici. E Nerone ha bisogno di una visita dal **veterinario**[13]."

Alba sospira sollevata. Poi guarda Leonardo con un'espressione intensa. "Posso leggerti le carte? **Sento**[14] che **sta per succedere**[15] qualcosa nella tua vita."

Leonardo guarda Alba sorpreso. "Sì, certo."

Alba prende subito le sue **carte da cartomante**[16], **le mischia**[17] e **gira**[18] 6 (sei) carte sul letto. Dopo un lungo minuto **dichiara**[19]: "Le carte dicono che ci sono 3 (tre) **donne**[20] nella tua vita in questo momento. Una di queste donne è una persona importante che **ancora**[21] non conosci e **incontrerai**[22] presto. Un'altra **ti ama**[23] ma **ti tradirà**[24]. E la **terza**[25] donna ti ama **veramente**[26] e **ti perdonerà**[27]."

Leonardo la osserva incuriosito. "**Ti farò sapere**[28] se **le tue predizioni si avvereranno**[29]."

Alba sorride. "Le carte **non sbagliano**[30], dottore."

Corrado entra in stanza e si complimenta: "**Ben fatto**[31], Leonardo!"

Poi il gatto nero di Alba **scende**[32] dal letto e attraversa la stanza. **Immediatamente**[33] Corrado **fa le corna**[34] con la mano **verso il basso**[35]. "Presto, **tocca ferro**[36], Leonardo. Non si sa mai!"

Aurora entra in quel **momento esatto**[37]. "Corrado! Ancora con queste **scene**[38]?"

Corrado sorride. "È superstizione **preventiva**[39]."

Aurora spiega a Leonardo: "Quando un gatto nero **ti attraversa**[40] la **strada**[41], **porta sfiga**[42], ossia **sfortuna**[43]. Per **allontanare**[44] la sfortuna, in Italia si fanno le corna verso il basso o si tocca ferro."

Leonardo ride forte. "Ah, ora capisco! In America tocchiamo **legno**[45] o **bussiamo**[46] sul legno."

Nel pomeriggio, Leonardo pensa alle parole di Alba: "*3 (tre) donne...una è importante, una ti tradisce, una ti perdona... Sarà vero*[47]?"

Poi scrive a Lucia:

"Ciao Lucia! Ci vediamo al bar sotto casa mia dopo il lavoro? **Vorrei parlarti**[48]."

Quella sera, Leonardo e Lucia si incontrano al bar. Leonardo **abbraccia**[49] subito Lucia: "Lucia! **Mi dispiace**[50] per come **ho reagito**[51] **l'altro giorno**[52] quando ti ho visto con Fabio."

Lucia guarda Leonardo negli occhi e dice con **dolcezza**[53]. "Capisco, Leonardo. Anche io **ho avuto dei dubbi**[54]. Ma **credo in noi**[55]."

"Ho un **regalo**[56] per te. È per la prima **messa**[57] del nuovo **Papa**[58] questa domenica." Leonardo **le dà**[59] un **pacchetto**[60].

Lucia lo apre. Dentro c'è il vestito rosa che Leonardo **ha comprato**[61] per lei. Sorride. "È bellissimo. Grazie."

Quella domenica, Leonardo e Lucia vanno in Vaticano per la prima messa del nuovo Papa. La **piazza**[62] è piena di **pellegrini**[63], turisti e famiglie.

Camminano tra la **folla**[64] e Lucia indica la **statua**[65] di **San Pietro**[66]. "È tradizione toccare i **piedi**[67] della statua **per fortuna**[68]."

Leonardo tocca la statua con un sorriso. "Non sono **superstizioso**[69], ma forse **ne ho bisogno**[70]."

Lucia ride. "**Ogni tanto**[71], un piccolo gesto **porta speranza**[72]."

La messa comincia. **Le campane suonano**[73], il nuovo Papa **appare**[74] sul **balcone**[75] e **benedice**[76] la folla con parole di pace e speranza. Il sole illumina le **colonne del Bernini**[77], e l'aria **profuma d'incenso**[78].

Lucia stringe la mano di Leonardo che **ricorda**[79] le parole di Alba, **come un'eco**[80]: *"Una donna ti ama ma ti tradirà… Una ti perdonerà… Un'altra donna non l'hai ancora incontrata…"*

Sospira piano. **Qualcosa dentro di lui si muove**[81]. Forse non è superstizione. Forse è solo la vita con le sue **coincidenze misteriose**[82].

Non ha tutte le risposte[83]. Ma sa che è nel **posto giusto**[84], con la persona giusta.

Riassunto della storia

Gli esami confermano che Alba ha la malattia da graffio di gatto e Leonardo la rassicura. Alba gli legge le carte, predicendo tre donne nella sua vita: una sconosciuta, una che lo tradirà, e una che lo perdonerà. Leonardo fa pace con Lucia e la accompagna alla messa del Papa nel Vaticano.

Summary of the story

The tests confirm that Alba has cat scratch disease, and Leonardo reassures her. Alba reads his tarot cards, predicting three women in his life: one unknown, one who will betray him, and one who will forgive him. Leonardo makes peace with Lucia and accompanies her to the Pope's mass at the Vatican.

Cultural Insight – La città del Vaticano

Il **Vaticano** è il paese (*country*) più piccolo del mondo e si trova (*it is located*) al centro di Roma. È la sede del **Papa** (*pope's headquarter*), capo della Chiesa cattolica. Dentro il Vaticano ci sono luoghi (*places*) famosi come la **Basilica di**

San Pietro, i **Musei Vaticani** e la **Cappella Sistina**. Anche se è piccolo, il Vaticano ha una **propria moneta** (*currency*), **francobolli** (*stamps*) e **guardie svizzere** (*Swiss guards*) che proteggono il Papa!

Vocabulary

1   **batterio**   bacterium
2   **trasmettere attraverso**   to transmit through
3   **morsi**   bites
4   **mi ha graffiato**   (he) scratched me
5   **giocavamo**   we were playing
6   **ammalato**   ill
7   **la rassicura**   (he) reassures her
8   **maggior parte**   majority
9   **si risolve da sola**   it resolves on its own
10   **accelerare**   to speed up
11   **guarigione**   healing
12   **ti prescriverò**   I will prescribe you
13   **veterinario**   veterinarian
14   **sento**   I feel
15   **sta per succedere**   it is about to happen
16   **carte da cartomante**   fortuneteller cards
17   **le mischia**   (she) shuffles them
18   **gira**   (she) turns
19   **dichiara**   (she) declares

20 **donne** women

21 **ancora** yet

22 **incontrerai** you will meet

23 **ti ama** (she) loves you

24 **ti tradirà** (she) will betray you

25 **terza** third

26 **veramente** really

27 **ti perdonerà** (she) will forgive you

28 **ti farò sapere** I'll let you know

29 **le tue predizioni si avvereranno** your predictions will come true

30 **non sbagliano** they are not wrong

31 **ben fatto** well done

32 **scende** (he) goes down

33 **immediatamente** immediately

34 **fa le corna** (he) makes the gesture of the horns

35 **verso il basso** downwards

36 **tocca ferro** touch iron

37 **momento esatto** exact moment

38 **scene** scenes

39 **preventiva** preventive

40 **ti attraversa** (it) crosses your path

41 **strada** path, road

42 **porta sfiga** (it) brings bad luck

43 **sfortuna** misfortune

44 **allontanare** to ward off

45 **legno** wood

46 **bussiamo** we knock

47 **sarà vero** could it be true

48 **vorrei parlarti** I'd like to talk to you

49 **abbraccia** (he) hugs

50 **mi dispiace** I'm sorry

51 **ho reagito** I reacted

52 **l'altro giorno** the other day

53 **dolcezza** sweetness

54 **ho avuto dei dubbi** I had doubts

55 **credo in noi** I believe in us

56 **regalo** gift

57 **messa** mass

58 **papa** pope

59 **le dà** (he) gives her

60 **pacchetto** package

61 **ha comprato** (he) has bought

62 **piazza** square

63 **pellegrini** pilgrims

64 **folla** crowd

65 **statua** statue

66 **San Pietro** Saint Peter

67 **piedi** feet

68 **per fortuna** for luck

69 **superstizioso** superstitious

70 **ne ho bisogno** I need it

71 **ogni tanto** every now and then

72 **porta speranza** (it) brings hope

73 **le campane suonano** the bells ring

74 **appare** (he) appears

75 **balcone** balcony

76 **benedice** (he) blesses

77 **colonne del Bernini** columns made by Bernini

78 **profuma d'incenso** it smells like incense

79 **ricorda** (he) remembers

80 **come un'eco** like an echo

81 **qualcosa dentro di lui si muove** something inside him moves

82 **coincidenze misteriose** mysterious coincidences

83 **non ha tutte le risposte** he doesn't have all the answers

84 **posto giusto** right place

Domande a risposta multipla

1) Secondo le carte di Alba, ci sono 3 donne nella vita di Leonardo:

a. Una lo perdonerà, una lo tradirà e una lo amerà.

b. Una lo perdonerà, una lo tradirà e una non l'ha ancora incontrato.

c. Una lo tradirà, una lo lascerà e una non l'ha ancora incontrato.

2) Cosa succede se un gatto nero ti attraversa la strada?

   a. Porta sfiga.

   b. Porta fortuna.

   c. Ti predice il futuro.

3) Toccare i piedi della statua di San Pietro nel Vaticano:

   a. Porta sfortuna.

   b. Porta fortuna.

   c. Fa apparire il Papa.

Risposte

1) **B**

2) **A**

3) **B**

Il passato ritorna - The past returns

CAPITOLO 8

PARTE 8.1

Un nome famigliare - A familiar name

È un lunedì mattina **tranquillo**[1] al pronto soccorso. Leonardo e Fabio stanno controllando alcune cartelle cliniche quando Aurora entra nella stanza con urgenza.

"Abbiamo una nuova paziente." dice. "**Dolore forte**[2] allo stomaco. Si chiama Ilaria De Angelis."

Leonardo alza lo sguardo, sorpreso. "De Angelis?"

"Sì, come te!" esclama Corrado che sta leggendo il **giornale**[3]. "**Magari**[4] è tua **sorella segreta**[5]!"

Leonardo sorride, ma sembra **pensieroso**[6]. "No, non credo… ma è un **cognome raro**[7]. Meglio andare a **conoscerla**[8]."

In sala visita, una giovane donna dai capelli castani è **distesa**[9] sul letto. Ha il viso pallido e la fronte **leggermente sudata**[10].

"Buongiorno Ilaria. Sono il Dottor Leonardo De Angelis. Questo è il Dottor Fabio Bianchi e l'infermiera, Aurora." dice Leonardo gentile.

Ilaria apre gli occhi e sorride **debolmente**[11]. "De Angelis? Come me. Che coincidenza!"

"Hai detto che hai dolore alla **pancia**[12]?" chiede Fabio.

"Sì, è iniziato ieri sera. Dolore forte sotto le **costole**[13] a **destra**[14]… poi nausea. Non ho dormito." spiega Ilaria.

"Quando hai mangiato l'ultima volta?" chiede Leonardo mentre Aurora misura la pressione.

"Ieri sera. Un panino al salame e **patatine**[15]… Non è stato un **pasto leggero**[16]." risponde Ilaria ironica.

Leonardo annuisce. "E lavori tanto?"

"Sì, sono **architetto**[17]. Sto sempre davanti al computer, seduta tutto il giorno. **Poche pause**[18], pasti veloci."

Leonardo la osserva attentamente. "**Hai mai avuto**[19] dolori simili **in passato**[20]?"

"**Un paio di volte**[21], ma erano **più leggeri**[22]. Questa volta è diverso." risponde Ilaria.

Dopo la visita, Leonardo e Fabio **si scambiano**[23] uno sguardo.

"Potrebbe essere la **colecisti**[24]." sussurra Fabio. "**Coliche biliari**[25]?"

"Possibile. Serve un'ecografia **addominale**[26] per confermare." risponde Leonardo.

Poco dopo[27], mentre **compilano**[28] il modulo per l'esame, Leonardo si avvicina **di nuovo**[29] a Ilaria. "Posso chiederti una **cosa personale**[30]?"

Ilaria sorride. "Certo."

"Hai **parenti**[31] americani? Alcuni De Angelis emigrati negli **Stati Uniti**[32] in passato?"

Ilaria **si illumina**[33]. "Sì! Mio nonno Francesco era americano. **È venuto**[34] in Italia **da giovane**[35] per cercare le sue **radici**[36]. Diceva che sua nonna era italiana. Durante la **Prima Guerra Mondiale**[37] il mio **trisnonno**[38] italiano era **soldato**[39] ed **è stato ucciso**[40] in guerra. **Così**[41] la mia trisnonna **è scappata**[42] negli

Stati Uniti, era **incinta**[43] di 2 (due) **gemelli**[44]. **Uno di loro**[45] era il padre di mio nonno Francesco."

Il **cuore**[46] di Leonardo **accelera**[47]. "Francesco?"

"Sì. È morto l'**anno scorso**[48]. **Era ricoverato**[49] al Policlinico, ma nessuno **ha capito**[50] la sua malattia. Nonno Francesco era molto **legato**[51] alle sue origini italiane, amava l'arte, il cibo italiano, Roma...." commenta Ilaria

Leonardo rimane in silenzio un momento. "Mia nonna mi ha parlato di suo **cugino**[52] che è emigrato in Italia **tanti anni fa**[53]. Forse siamo parenti."

Ilaria lo guarda sorpresa. "Davvero? Allora siamo... **cugini alla lontana**[54]?"

"Forse sì." sorride Leonardo. "Ma prima pensiamo alla tua **salute**[55]."

Riassunto della storia

In pronto soccorso, Leonardo incontra una nuova paziente, Ilaria De Angelis, con forti dolori allo stomaco. Durante la visita, scoprono di condividere lo stesso raro cognome e una possibile connessione familiare. Ilaria racconta la storia di suo nonno Francesco e dei suoi trisnonni, e Leonardo sospetta un legame con la sua

famiglia. Intanto, diagnosticano una probabile colica biliare.

Summary of the story

In the emergency room, Leonardo meets a new patient, Ilaria De Angelis, who has severe stomach pain. During the visit, they discover they share the same rare last name and a possible family connection. Ilaria tells the story of her grandfather Francesco and her great-great-grandparents, and Leonardo suspects a link to his own family. Meanwhile, they diagnose a likely gallbladder colic.

Cultural Insight – La Prima Guerra Mondiale a Roma

A Roma ci sono diversi luoghi legati alla (*linked to*) **Prima Guerra Mondiale** (*First World War*). Uno dei più importanti è l'**Altare della Patria** in Piazza Venezia, dove si trova la tomba del **Milite Ignoto** (*unknown soldier*): un soldato senza nome, simbolo di tutti i soldati italiani morti in guerra. Un altro luogo simbolico è **Piazza dell'Esquilino**, dove il poeta Gabriele D'Annunzio ha tenuto discorsi (*has held speeches*) patriottici da un balcone chiamato **"Prua d'Italia (***Italy's bow***)"** durante manifestazioni popolari per far entrare l'Italia in guerra (*to push Italy to enter the war*).

Vocabulary

1   **tranquillo** quiet
2   **dolore forte** strong pain
3   **giornale** newspaper
4   **magari** maybe
5   **sorella segreta** secret sister
6   **pensieroso** thoughtful
7   **cognome raro** rare surname
8   **conoscerla** to meet her
9   **distesa** lying down
10 **leggermente sudata** slightly sweaty
11 **debolmente** weakly
12 **pancia** belly
13 **costole** ribs
14 **destra** right
15 **patatine** fries
16 **pasto leggero** light meal
17 **architetto** architect
18 **poche pause** few breaks
19 **hai mai avuto** have you ever had
20 **in passato** in the past
21 **un paio di volte** a couple of times
22 **più leggeri** lighter
23 **si scambiano** they exchange
24 **colecisti** gallbladder

25 **coliche biliari**   biliary colic

26 **addominale**   abdominal

27 **poco dopo**   shortly after

28 **compilano**   they fill out

29 **di nuovo**   again

30 **cosa personale**   personal thing

31 **parenti**   relatives

32 **Stati Uniti**   United States

33 **si illumina**   (she) lights up

34 **è venuto**   (he) came

35 **da giovane**   as a young man

36 **radici**   roots

37 **prima guerra mondiale**   first world war

38 **trisnonno**   great-great-grandfather

39 **soldato**   soldier

40 **è stato ucciso**   (he) was killed

41 **così**   so

42 **è scappata**   (she) fled

43 **incinta**   pregnant

44 **gemelli**   twins

45 **uno di loro**   one of them

46 **cuore**   heart

47 **accelera**   (it) accelerates

48 **anno scorso**   last year

49 **era ricoverato**   (he) was hospitalized

50 **ha capito**   (nobody) understood

51 **legato** attached

52 **cugino** cousin

53 **tanti anni fa** many years ago

54 **cugini alla lontana** distant cousins

55 **salute** health

Domande a risposta multipla

1) Ilaria sente dolore:

    a. Sotto le costole a sinistra.

    b. Dove c'è il cuore.

    c. Sotto le costole a destra.

2) La trisnonna di Ilaria è scappata negli Stati Uniti perché:

    a. Il trisnonno è morto durante la Prima Guerra Mondiale.

    b. Il trisnonno non voleva più stare con lei.

    c. Il trisnonno è morto improvvisamente di cancro.

3) Perché Leonardo pensa che lui e Ilaria siano parenti?

    a. Perché hanno lo stesso cognome e la trisnonna di Ilaria era incinta.

b. Perché hanno lo stesso cognome e il nonno di Ilaria si chiamava Francesco.

c. Perché si assomigliano molto e Ilaria è architetto.

Risposte

1) C

2) A

3) B

CAPITOLO 8

PARTE 8.2

Un legame inaspettato - An unexpected bond

Il giorno dopo, l'ecografia conferma la diagnosi: **calcoli**[1] alla colecisti. Leonardo e Fabio entrano nella stanza di Ilaria.

"Ciao Ilaria!" dice Leonardo con un sorriso. "Abbiamo capito il problema. Hai piccoli calcoli nella colecisti, un **organo**[2] sotto il **fegato**[3]. Causano dolore dopo i pasti, soprattutto se mangi **cibi grassi**[4]."

Ilaria ha un'espressione preoccupata. "Devo **operarmi**[5] subito?"

"Non subito." risponde Fabio. "Ora puoi **seguire**[6] una dieta leggera, senza **fritti**[7] e cibi grassi. Mangia poco ma **spesso**[8]. Poi **parlerai**[9] con un **chirurgo**[10], per vedere se serve l'**intervento**[11]."

Leonardo aggiunge: "Il tuo lavoro **ti stressa**[12] molto. È importante **fare pause**[13], mangiare meglio e **muoverti**[14] un po' di più."

"Sì, hai ragione." dice Ilaria. "Lavoro tutto il giorno davanti al computer. E spesso **salto**[15] il pranzo. È difficile fermarsi."

Leonardo la guarda **con gentilezza**[16]. "Il tuo corpo **ti sta chiedendo aiuto**[17]. È il momento di **ascoltarlo**[18]."

Ilaria sorride. "Grazie. **A proposito**[19]... **siccome**[20] sei un dottore, **potresti aiutarmi**[21] a capire cosa **è successo**[22] a mio nonno Francesco? Ero molto legata a lui, **sai**[23], e non sapere come è morto, **fa male al cuore**[24]."

"Capisco, assolutamente! Hai detto che **era**[25] al Policlinico l'anno scorso?" chiede Leonardo.

"Sì. **Stava male**[26] da mesi, ma nessuno capiva **cos'aveva**[27]. Parlava sempre degli Stati Uniti... e **mi ha insegnato**[28] un po' di inglese. Ma negli ultimi mesi di vita **sembrava depresso**[29], non parlava più con nessuno."

Leonardo pensa un attimo. "**Mi piacerebbe**[30] vedere i suoi documenti. Forse **riesco**[31] a capire cosa aveva. Ma devo chiedere il **permesso**[32] al Policlinico di Roma. **Ci vuole tempo**[33] per ricevere questo tipo di documenti..."

"Certo, capisco. Quando sai qualcosa, **fammi sapere**[34]." risponde Ilaria. "E Leonardo, **grazie di cuore**[35] per il tuo aiuto!"

Qualche giorno dopo[36], Ilaria sta meglio e invita Leonardo a **fare una passeggiata**[37] sul Colle Palatino. Camminano tra le antiche **rovine**[38], sotto il sole di Roma.

"Guarda questa **pietra**[39]." dice Ilaria, **toccando**[40] un **muro**[41] antico. "Ha più di 2000 (duemila) anni. Io lavoro vicino al Colle Palatino. Per me, **ogni edificio racconta**[42] una storia."

Leonardo osserva le colonne, i templi, i **resti**[43] delle case romane. "Negli Stati Uniti abbiamo arte, **certo**[44]... ma è diversa. È più moderna. Qui, **invece**[45], l'arte è **dappertutto**[46]: nelle chiese, nelle piazze, nei muri."

"Sì, in Italia l'arte è parte della **vita quotidiana**[47]." dice Ilaria. "**Anche solo**[48] prendere un caffè in un bar significa sedersi vicino a una **fontana**[49] del 1600 (mille seicento). Ogni giorno passo davanti al Colosseo per andare al lavoro. È normale, ma anche speciale."

"Hai ragione. Qui **basta**[50] camminare **per strada**[51] per **immergersi**[52] nella storia. In America, invece, spesso devi andare in un museo." risponde Leonardo.

"Guarda questo posto. Qui **è nata**[53] Roma." spiega Ilaria. "Secondo la **leggenda**[54], 2 (due) gemelli, Romolo e Remo, sono stati **abbandonati**[55] e **allevati**[56] da una **lupa**[57] qui sul Colle Palatino e poi **hanno fondato**[58] la città di Roma."

Leonardo guarda il panorama. "È incredibile. Anche i nostri **bisnonni**[59] erano gemelli e sono stati 'abbandonati' dal padre e allevati dalla nostra trisnonna negli Stati Uniti...ed **eccoci qui**[60], 2 (due) cugini alla lontana a Roma, dopo molte generazioni."

Ilaria sorride. "In Italia si dice che '*tutte le strade portano a Roma*[61]'."

Leonardo annuisce. "E alcune strade portano anche a **ritrovare**[62] **un pezzo**[63] di famiglia che **non sapevi**[64] di **aver perso**[65]."

Riassunto della storia

Leonardo e Fabio confermano che Ilaria ha calcoli alla colecisti e consigliano una dieta leggera. Ilaria chiede aiuto a Leonardo per scoprire la causa della morte del nonno Francesco. Qualche giorno dopo, passeggiano insieme sul Colle Palatino. Riflettono sull'arte italiana e la storia delle loro famiglie, simile alla leggenda di Romolo e Remo.

Summary of the story

Leonardo and Fabio confirm that Ilaria has gallstones and recommend a light diet. Ilaria asks Leonardo to help uncover the cause of her grandfather Francesco's death. A few days later, they walk together on the Palatine Hill, reflecting on Italian art and their shared family histories, which mirror the legend of Romulus and Remus.

Cultural Insight – La leggenda di Romolo e Remo

Secondo la leggenda, **Roma** nasce (*is born*) il 21 aprile del **753 a.C.** sul **Colle Palatino**, uno dei sette colli (*hills*) della città. I protagonisti sono **Romolo e Remo**, due fratelli gemelli (*twin brothers*) allevati da una **lupa** (*raised by a female wolf*) dopo essere stati abbandonati nel fiume Tevere. Durante una lite (*fight*) su dove fondare (*to found*) la città, Romolo uccide (*kills*) Remo e diventa il primo re (*becomes the first king*) di Roma. Oggi, la **lupa con i gemelli** è uno dei simboli più famosi di Roma.

Vocabulary

1 **calcoli** stones
2 **organo** organ
3 **fegato** liver

4 **cibi grassi** fatty foods

5 **operarmi** to have surgery

6 **seguire** to follow

7 **fritti** fried foods

8 **spesso** often

9 **parlerai** you will talk

10 **chirurgo** surgeon

11 **intervento** surgery

12 **ti stressa** (it) stresses you

13 **fare pause** to take breaks

14 **muoverti** to move yourself

15 **salto** I jump

16 **con gentilezza** kindly, with kindness

17 **ti sta chiedendo aiuto** (it) is asking you for help

18 **ascoltarlo** to listen to it

19 **a proposito** by the way

20 **siccome** since

21 **potresti aiutarmi** could you help me

22 **è successo** it happened

23 **sai** you know

24 **fa male al cuore** my heart hurts

25 **era** (he) was

26 **stava male** (he) was ill

27 **cos'aveva** what (he) had

28 **mi ha insegnato** (he) taught me

29 **sembrava depresso** (he) seemed depressed

30 **mi piacerebbe** I would like

31 **riesco** I manage to

32 **permesso** permission

33 **ci vuole tempo** it takes time

34 **fammi sapere** let me know

35 **grazie di cuore** thanks from the bottom of my heart

36 **qualche giorno dopo** a few days later

37 **fare una passeggiata** to take a walk

38 **rovine** ruins

39 **pietra** stone

40 **toccando** touching

41 **muro** wall

42 **ogni edificio racconta** every building tells

43 **resti** remains

44 **certo** of course

45 **invece** instead

46 **dappertutto** everywhere

47 **vita quotidiana** daily life

48 **anche solo** even just

49 **fontana** fountain

50 **basta** it is enough

51 **per strada** on the street

52 **immergersi** to immerse oneself

53 **è nata** (Rome) was born

54 **leggenda** legend

55 **sono stati abbandonati** they were abandoned

56 **allevati** raised

57 **lupa** she-wolf

58 **hanno fondato** they founded

59 **bisnonni** great-grandparents

60 **eccoci qui** here we are

61 **tutte le strade portano a Roma** all roads lead to Rome
(meaning that there are many paths to reach the same goal)

62 **ritrovare** to find

63 **un pezzo** a piece

64 **non sapevi** you didn't know

65 **aver perso** to have lost

Domande a risposta multipla

1) Ilaria chiede a Leonardo se può aiutarla a:

   a. Imparare l'inglese meglio.

   b. Capire cosa è successo al nonno Francesco.

   c. Capire cosa è successo al suo stomaco.

2) Chi ha fondato la città di Roma?

   a. Due gemelli, Romolo e Remo.

   b. Due gemelli, Ilaria e Leonardo.

   c. Una lupa sul Colle Palatino.

3) Cosa significa 'Tutte le strade portano a Roma'?

    a. Se cammini lungo una strada per molto tempo, arriverai a Roma.

    b. Qualunque decisione prendiamo, finiremo a Roma.

    c. Qualunque decisione prendiamo, questa ci porterà comunque alla stessa direzione.

Risposte

1) **B**

2) **A**

3) **C**

L'amico tradito - The betrayed friend

CAPITOLO 9

PARTE 9.1

Tensione in corsia -Tension in the ward

È venerdì sera al pronto soccorso. I corridoi sono pieni di pazienti **in attesa**[1] sotto le **luci al neon**[2]. L'atmosfera è **frenetica**[3].

Finalmente[4] Corrado **ha preso**[5] un fine settimana di **riposo**[6]. **Al suo posto**[7] c'è la dottoressa Gabriella che lavora al computer.

Leonardo e Fabio sono **impegnati**[8] con un uomo **anziano**[9] che **è caduto**[10] dal **divano**[11].

Aurora, invece, è responsabile di visitare i nuovi pazienti e **assegnare**[12] un **codice**[13] ad **ognuno**[14]: **verde**[15] per pazienti in **condizioni stabili**[16], **arancione**[17] per **urgenze**[18], **rosso**[19] per emergenze.

Durante la **serata**[20] un giovane uomo entra al pronto soccorso. Si chiama Daniele, ha una **ferita**[21] alla **testa**[22] e cammina **a fatica**[23]. Un amico **lo aiuta**[24] a camminare.

Aurora **prende nota**[25] dei sintomi ed assegna il codice verde a Daniele. **Gli prescrive**[26] un'**aspirina**[27] per il dolore e **gli consiglia**[28] di dormire sul lettino mentre **attende**[29] il suo turno.

Dopo circa 2 (due) ore l'amico di Daniele **irrompe**[30] nella sala medici: "Aiuto! Daniele è caduto dal **lettino**[31], **ha vomitato**[32] ed ora continua a ripetere le **stesse frasi**[33]."

Leonardo, Fabio e Gabriella corrono nella stanza di Daniele. "Daniele, io sono il Dottor De Angelis. Puoi dirmi cosa è successo?"

Daniele scuote la testa, confuso. "**Niente di grave**[34]. Solo una **botta**[35]."

Fabio osserva la ferita sulla **tempia sinistra**[36]. "**Hai perso conoscenza**[37]?"

Daniele si guarda intorno, **disorientato**[38], poi risponde piano: "No."

L'amico sussurra: "**Eravamo assieme**[39] ad una manifestazione contro il **governo**[40] in piazza. **La polizia è intervenuta**[41] e…ho trovato Daniele **per terra**[42]. **Purtroppo**[43], non ho visto come è successo."

Aurora prende nota. "Pressione 130/85 (centotrenta su ottantacinque), frequenza cardiaca 90 (novanta)."

Leonardo **scambia**[44] uno sguardo con Fabio. "Meglio fare una **TAC**[45] **per sicurezza**[46]."

Daniele **si agita**[47]. "Non serve. Sto bene."

"È solo una precauzione." dice Fabio. "Meglio essere sicuri."

Aurora interviene. "Se il paziente **rifiuta**[48], dobbiamo rispettare la sua decisione."

Leonardo insiste. "Daniele, una TAC può **salvarti**[49] la vita. Un'**emorragia interna**[50] non si vede **a occhio nudo**[51]."

Daniele esita, poi annuisce. "Va bene."

Mentre Daniele viene portato in radiologia da Leonardo e Fabio, Gabriella commenta: "Questo è grave. Come abbiamo fatto ad assegnare codice verde a Daniele? È una **concussione**[52] seria."

Aurora si avvicina a Gabriella. "Ho detto a Leonardo e Fabio che Daniele era grave ma non mi hanno ascoltato… '*È solo un*

163

codice verde.' mi hanno risposto. *'**Dagli**[53] un'aspirina e **fallo**[54] dormire.'* Guarda le mie note, quando Daniele **è stato ammesso**[55] in pronto soccorso."

Gabriella legge le note mediche su Daniele. È **scioccata**[56]. "Non è possibile. Devo **riportare**[57] tutto a Corrado e Mirco."

"Sai, Gabriella, **a volte**[58] ho l'impressione che Leonardo e Fabio **non prendano sul serio**[59] le nostre opinioni, **nonostante**[60] la nostra esperienza... forse perché siamo donne?" insinua Aurora.

Gabriella è furiosa. "Chiamo subito Mirco."

Riassunto della storia

È venerdì sera al pronto soccorso. Daniele arriva con una ferita alla testa e Aurora lo classifica come codice verde. Dopo due ore peggiora. Leonardo e Fabio decidono di fare una TAC. Aurora accusa i colleghi di non aver ascoltato i suoi avvertimenti. Gabriella legge le note e decide di denunciare il caso.

Summary of the story

It's Friday evening in the emergency room. Daniele arrives with a head injury and Aurora classifies him as a green code.

Two hours later, his condition worsens. Leonardo and Fabio decide to perform a CT scan. Aurora accuses her colleagues of ignoring her warnings. Gabriella reads the notes and decides to report the case.

Cultural Insight – Gli scioperi in Italia

In Italia, lo **sciopero** (*strike*) è un diritto dei lavoratori (*legal right of the workers*) per chiedere migliori condizioni di lavoro in molti settori (*industries*): trasporti, scuola, sanità (*healthcare*). Durante uno sciopero **autobus, treni o aerei** possono essere **in ritardo** (*late*) **o cancellati**, quindi è sempre bene (*it's always better*) controllare (*to check*) prima di viaggiare! Anche nell'**antica Roma** si scioperava (*people were striking*): nel 195 a.C. (*before Christ*) le donne protestarono (*protested*) contro una legge ingiusta (*unfair law*) con uno sciopero del sesso (*sex strike*). Nel 311 a.C. i musicisti andarono (*went*) a Tivoli per protesta per lasciare (*to leave*) Roma senza musica. Allora (*therefore*) il Senato accettò (*accepted*) le loro richieste!

Vocabulary

1   **in attesa**   waiting
2   **luci al neon**   neon lights
3   **frenetica**   frantic
4   **finalmente**   finally

5 **ha preso** (he) has taken

6 **riposo** rest

7 **al suo posto** in his place

8 **impegnati** busy

9 **anziano** elderly man

10 **è caduto** (he) has fallen

11 **divano** couch

12 **assegnare** to assign

13 **codice** code

14 **ognuno** everyone

15 **verde** green

16 **condizioni stabili** stable conditions

17 **arancione** orange

18 **urgenze** urgent cases

19 **rosso** red

20 **serata** evening

21 **ferita** wound

22 **testa** head

23 **a fatica** with difficulty

24 **lo aiuta** (he) helps him

25 **prende nota** (she) takes note

26 **gli prescrive** (she) prescribes him

27 **aspirina** aspirin

28 **gli consiglia** (she) advises him

29 **attende** (he) waits

30 **irrompe** (he) bursts in

31 **lettino**   stretcher

32 **ha vomitato**   (he) has vomited

33 **stesse frasi**   same phrases

34 **niente di grave**   nothing serious

35 **botta**   bump

36 **tempia sinistra**   left temple

37 **hai perso conoscenza**   have you lost consciousness

38 **disorientato**   disoriented

39 **eravamo assieme**   we were together

40 **governo**   government

41 **la polizia è intervenuta**   the police intervened

42 **per terra**   on the ground

43 **purtroppo**   unfortunately

44 **scambia**   (he) exchanges

45 **TAC**   ct scan

46 **per sicurezza**   for safety

47 **si agita**   (he) gets agitated

48 **rifiuta**   (he) refuses

49 **salvarti**   to save (your life)

50 **emorragia interna**   internal bleeding

51 **a occhio nudo**   with the naked eye

52 **concussione**   concussion

53 **dagli**   give him

54 **fallo**   let him

55 **è stato ammesso**   (he) was admitted

56 **scioccata**   shocked

57 **riportare**   to report

58 **a volte**   sometimes

59 **non prendano sul serio**   they don't take seriously

60 **nonostante**   despite

Domande a risposta multipla

1) Che codice ha assegnato Ilaria a Daniele?

   a. Codice rosso per emergenza.

   b. Codice verde per condizioni stabili.

   c. Codice arancione per urgenze.

2) Dove e quando è caduto Daniele prima di andare all'ospedale?

   a. Durante una manifestazione in piazza.

   b. Durante una manifestazione in ospedale.

   c. Durante una camminata in montagna.

3) Secondo Aurora, Leonardo e Fabio hanno detto che:

   a. Daniele era un codice rosso e di dargli un'aspirina.

   b. Daniele era un codice verde e di dargli un'aspirina.

   c. Daniele poteva andare a casa senza cure.

Risposte

1) B

2) A

3) B

CAPITOLO 9

PARTE 9.2

Il tempo della verità - Time for truth

I risultati della TAC arrivano dopo 30 (trenta) minuti. Leonardo e Fabio sono davanti al computer. Fabio guarda lo **schermo**[1] e **si blocca**[2].

"Leonardo, guarda qui. C'è un'**ombra**[3]."

Leonardo guarda meglio. "È un **ematoma sottodurale**[4]. Daniele ha sangue tra **cervello**[5] e **cranio**[6]. Non è una semplice botta alla testa. È **pericoloso**[7]."

I due corrono da Gabriella. Leonardo parla **deciso**[8]: "Daniele ha un'**emorragia**[9]. Dobbiamo **trasferire**[10] Daniele in **neurochirurgia**[11]."

Gabriella è sorpresa. "Un'emorragia? Ma **sembrava**[12] solo una **commozione cerebrale**[13]..."

"E **invece no**[14]." dice Fabio. "Se non facevamo la TAC, sarebbe stato un **disastro**[15]."

Daniele viene portato **in osservazione**[16]. È stanco, ma cosciente. Leonardo gli parla piano.

"Daniele, hai un'emorragia alla testa. **Ti cureremo**[17] subito. Ora devi restare sotto controllo e forse **servirà**[18] un intervento."

Daniele abbassa lo sguardo. "Non volevo venire in ospedale. **Non mi fido**[19] delle **istituzioni**[20]…"

Leonardo lo guarda con calma. "Capisco. Ma in ospedale siamo qui per aiutarti. È importante **dire sempre la verità**[21], anche se sembra una **cosa piccola**[22]."

Più tardi, Leonardo e Fabio ricevono un'e-mail dal Dottor Mirco, responsabile dei **tirocini**[23]. Ha ricevuto una **lamentela**[24] scritta da Gabriella: dice che Leonardo e Fabio **hanno sottovalutato**[25] il caso di Daniele.

"Qui c'è lo **zampino**[26] di Aurora." dichiara Fabio. "Vuole **punirti**[27] perché **hai scelto**[28] Lucia e non lei."

Leonardo va subito ad **affrontare**[29] Aurora che è nella sala medici con Gabriella. "Aurora, dobbiamo parlare!"

Lei si gira sorpresa. "Che succede?"

"**Lo sai bene**[30]." risponde Leonardo. "Hai detto a Gabriella **cose false**[31] su di me e Fabio. E non è la prima volta."

Aurora è imbarazzata davanti a Gabriella: "Io… io ho detto solo la verità. Daniele **non ha ricevuto**[32] le cure necessarie **fin dall'inizio**[33] e…"

Leonardo scuote la testa. "Aurora, non è solo questo. **Hai già mentito**[34] su Fabio e Lucia, e hai cercato di **danneggiare**[35] la **relazione che ho con loro**[36]…e ora vuoi danneggiare anche il mio lavoro?"

Aurora lo guarda, **colpita**[37]. "Non volevo **farti del male**[38]…"

"Ma l'hai fatto." la interrompe lui. "Se hai dubbi o problemi, ne possiamo parlare. Ma **inventare cose**[39] per danneggiare **gli altri**[40] non è **giusto**[41]. E non è professionale."

Aurora abbassa lo sguardo: "È che non **riesco**[42] a lavorare più insieme a te. Per me è **dura**[43] sapere che stai con un'altra donna. Scusami, lo so che non è professionale, ma sono **disperata**[44]."

Leonardo la guarda un attimo. Poi dice con calma: "Forse ho un'idea. **Lascia fare a me**[45]."

Gabriella resta in silenzio. Poi interviene. "Mi dispiace Leonardo e Fabio. Forse **ho agito**[46] troppo **in fretta**[47] e **dovevo consultare**[48] anche voi. Ma ormai è troppo tardi, è la **sua parola contro la vostra**[49]. Non posso fare **nulla**[50], ma aspettare il **verdetto**[51] di Mirco."

Leonardo ringrazia, si mette la giacca ed esce con Fabio. Finalmente il loro turno notturno è finito.

Il giorno dopo, è il giorno libero di Leonardo e Fabio. Così decidono di andare ai **Fori Romani**[52] per una passeggiata. Il cielo è azzurro, l'aria è fresca.

Camminano tra le rovine antiche. Fabio guarda le colonne. "Qui **parlavano**[53] i politici, i generali... **Davano notizie**[54] di **guerra**[55] o **pace**[56]. Era il cuore di Roma."

Leonardo osserva i resti di un **arco**[57]. "Daniele diceva che era a una protesta ieri. Negli Stati Uniti **protestare**[58] è più raro. Qui in Italia c'è più passione. **Scioperi**[59], manifestazioni..."

"Sì." dice Fabio. "In Italia **ci lamentiamo**[60] spesso del '**sistema**[61]', del **governo**[62], degli **stipendi**[63]. E ogni tanto **non seguiamo**[64] le **regole**[65] per arrivare alla **soluzione migliore**[66]."

Leonardo sorride. "Forse anch'io sto diventando un po' più italiano."

Fabio ride. "Tu non hai mai seguito le regole **alla lettera**[67]. Sei **italiano dentro**[68], Leo."

I due continuano a camminare tra le rovine, in silenzio. **Sono circondati**[69] dalla storia d'Italia.

"Notte intensa ieri...con Daniele, Gabriella, Aurora..." dice Fabio.

Leonardo annuisce. "Sì. Ma la verità **viene sempre a galla[70].**"

Fabio sorride. "E dimmi, che idea hai avuto?"

"Un'idea per stare lontani da Aurora. Spero che funzionerà!" Leonardo fa l'occhiolino a Fabio.

Riassunto della storia

Leonardo e Fabio scoprono che Daniele ha un'emorragia cerebrale e lo trasferiscono in neurochirurgia. Gabriella invia le lamentele di Aurora su Leonardo e Fabio al Dottor Mirco. Leonardo affronta Aurora, che confessa la sua gelosia per Lucia. Il giorno dopo, Leonardo e Fabio riflettono su proteste, regole e verità durante una passeggiata ai Fori Romani.

Summary of the story

Leonardo and Fabio discover Daniele has a brain hemorrhage and arrange his transfer to neurosurgery. Gabriella sends Aurora's complaints about them to Dr. Mirco. Leonardo confronts Aurora, who admits she's jealous of his relationship with Lucia. The next day, Leonardo and Fabio reflect on protests, rules, and truth while walking through the Roman Forum.

Cultural Insight – I Fori Romani

I **Fori Romani** erano il centro della vita della Roma antica (*of the ancient Rome*) con **templi, mercati e tribunali**. Qui i Romani parlavano di politica, facevano commercio e feste religiose (*religious celebrations*). Oggi si possono ancora vedere (*you can still see*) i resti (*remains*) delle colonne e degli archi. I Fori Romani sono stati un **set cinematografico**. di famosi film (*movies*) come 'Ben Hur' del 1959 con Charlton Heston e 'Il Gladiatore' del 2000 con Russell Crowe.

Vocabulary

1 **schermo** screen
2 **si blocca** (he) freezes
3 **ombra** shadow
4 **ematoma sottodurale** subdural hematoma
5 **cervello** brain
6 **cranio** skull
7 **pericoloso** dangerous
8 **deciso** determined, resolved
9 **emorragia** haemorrhage
10 **trasferire** to transfer
11 **neurochirurgia** neurosurgery
12 **sembrava** (it) seemed
13 **commozione cerebrale** cerebral concussion

14 **invece no**   instead (it's) not

15 **disastro**   disaster

16 **in osservazione**   under observation

17 **ti cureremo**   we will treat you

18 **servirà**   (a surgery) will be needed

19 **non mi fido**   I don't trust

20 **istituzioni**   institutions

21 **dire sempre la verità**   to always tell the truth

22 **cosa piccola**   small thing

23 **tirocini**   internships

24 **lamentela**   complaint

25 **hanno sottovalutato**   they underestimated

26 **zampino**   little paw meaning 'involvement'

27 **punirti**   to punish you

28 **hai scelto**   you chose

29 **affrontare**   to face

30 **lo sai bene**   you know it well

31 **cose false**   false things

32 **non ha ricevuto**   (he) did not receive

33 **fin dall'inizio**   from the beginning

34 **hai già mentito**   you have already lied

35 **danneggiare**   to damage

36 **relazione che ho con loro**   relationship I have with them

37 **colpita**   struck

38 **farti del male**   to hurt you

39 **inventare cose**   making up things

40 **gli altri** the others

41 **giusto** fair

42 **non riesco** I can't

43 **dura** tough

44 **disperata** desperate

45 **lascia fare a me** let me handle it

46 **ho agito** I acted

47 **in fretta** quickly

48 **consultare** to consult

49 **sua parola contro la vostra** (her) word against yours

50 **nulla** nothing

51 **verdetto** verdict

52 **Fori Romani** Roman Forums (archeological area in Rome)

53 **parlavano** they were talking

54 **davano notizie** they were giving news

55 **guerra** war

56 **pace** peace

57 **arco** arch

58 **protestare** to protest

59 **scioperi** strikes

60 **ci lamentiamo** we complain

61 **sistema** system

62 **governo** government

63 **stipendi** salaries

64 **non seguiamo** we don't follow

65 **regole** rules

66 **soluzione migliore** best solution

67 **alla lettera** to the letter

68 **italiano dentro** Italian inside

69 **sono circondati** they are surrounded

70 **viene sempre a galla** (the truth) always comes to the surface

Domande a risposta multipla

1) Che cos'è un ematoma sottodurale?

a. Sangue tra muscolo e ossa.

b. Una semplice botta alla testa.

c. Sangue tra cervello e cranio.

2) Perché Gabriella non può fare nulla riguardo la lamentela su Leonardo?

a. Perché crede alle parole di Aurora.

b. Perché il verdetto finale spetta a Mirco.

c. Perché Leonardo è un uomo.

3) Secondo Fabio, Leonardo è italiano dentro perché:

a. Non ha mai seguito le regole alla lettera.

b.Ha sempre seguito le regole alla lettera.

c. Si comporta e si veste come un vero italiano.

Risposte

1) C

2) B

3) A

Il palcoscenico della vita - The theatre of life

CAPITOLO 10

PARTE 10.1

L'ultimo test -The last test

È domenica mattina. Il pronto soccorso è **stranamente silenzioso[1]**.

Corrado è ancora **in vacanza[2]** e questa volta, al suo posto, c'è il Dottor Mirco, responsabile dei tirocini.

Mirco guarda lo schermo del suo computer, e **si gratta la fronte[3]**. Sta leggendo un'e-mail di Leonardo. Quando lo vede, **gli chiede[4]** di avvicinarsi.

"Leonardo, cosa significa questa e-mail? **Trasferimento**[5] al **Policlinico**[6], un altro ospedale? **Addirittura**[7] nel **reparto geriatrico**[8]...perché?" chiede Mirco serio.

"Io e Fabio siamo pronti ad una **nuova sfida**[9]." risponde Leonardo. "Il Policlinico ha bisogno di dottori nel reparto geriatrico ma **nessun medico**[10] vuole **andarci**[11]. **Potremmo imparare**[12] molto **prima della fine**[13] del nostro tirocinio."

Mirco lo guarda curioso. "Capisco. Ma dopo la lamentela di Gabriella e Aurora, ho bisogno di **mettervi alla prova**[14] di nuovo con un nuovo caso. Se **lo risolvete**[15] senza **infrangere**[16] le regole, allora **considererò**[17] la vostra richiesta di trasferimento."

"Grazie mille Dottor Mirco! **Non La deluderemo**[18]!" Leonardo esce dall'ufficio di Mirco con un sorriso.

In quel momento, incrocia Fabio. "È arrivata una paziente. Si chiama Beatrice. Ha **difficoltà**[19] a respirare e confusione mentale. **Presto**[20], vieni con me!"

Leonardo e Fabio raggiungono la stanza. Beatrice è una donna sui 50 (cinquanta) anni, capelli corti e scuri, occhi **molto truccati**[21]. È vestita come un'**attrice**[22] sul **palco**[23], con una **sciarpa**[24] colorata e un **cappotto**[25] elegante.

"Buongiorno, Beatrice. Io sono il Dottor De Angelis." dice Leonardo con un sorriso. "**Lei è**[26]... un'attrice?"

Beatrice sorride debolmente. "Sì, da **trent'anni**[27]. Teatro classico. Ma oggi la **scena**[28] è questa stanza d'ospedale, dottore."

"Da quanto tempo ha problemi a respirare?" chiede Fabio.

"Da giorni. Ma oggi... **peggio**[29]. **Mi gira la testa**[30]. **Mi manca**[31] l'aria." dice Beatrice mentre **si toglie**[32] la sciarpa con un gesto drammatico.

Leonardo ascolta i **polmoni**[33]. "Sento dei **rumori**[34] strani. Come **uccellini**[35] nei polmoni."

Fabio aggiunge: "Facciamo una radiografia al **torace**[36], analisi del sangue e una **spirometria**[37]. Cosa **ne dici**[38], Leo?"

Mentre aspettano i risultati, Beatrice racconta: "Lavoro sempre in **teatri vecchi**[39], pieni di **polvere**[40]. Il backstage è pieno di **muffa**[41]. Ma **non posso smettere**[42]. Il **palcoscenico**[43] è la mia vita. Tra una settimana ho uno **spettacolo**[44] importante, **non posso mancare**[45]!"

Leonardo guarda Fabio. "Forse la causa è **ambientale**[46]. Respirare polvere e muffa può causare problemi ai polmoni. Soprattutto **a chi usa tanto la voce**[47]."

Beatrice ride piano. "La voce è tutto per me. È la mia **anima**[48]."

Dopo qualche ora, i risultati arrivano. Tutto sembra… normale. **Eppure**[49], Beatrice sta peggio. **Tossisce**[50], è **affaticata**[51], **si appoggia**[52] al letto.

Mirco osserva i risultati. "I test sono negativi. Forse è solo stanchezza o **agitazione**[53]."

Leonardo non è convinto. "**Qualcosa non torna**[54]. È una donna forte, **non finge**[55]. Forse è una malattia rara."

Mirco **incrocia le braccia**[56]. "A voi la **scelta**[57], ragazzi: **ricovero**[58] o **dimissione**[59]. Senza infrangere le regole, **mi raccomando**[60]."

Leonardo e Fabio si guardano. È una scelta importante.

Intanto[61], Fabio riceve un messaggio da Silvia. Fabio sembra turbato.

"Ciao Fabio! Ho deciso di lasciare il mio tirocinio, è una **storia lunga**[62] ma per un po' di tempo **non potremo vederci più**[63]."

Leonardo **gli lancia uno sguardo**[64]. "Tutto bene?"

Fabio annuisce, ma resta in silenzio. **Entrambi**[65] sanno che la giornata **non finirà**[66] con una semplice decisione.

Riassunto della storia

È domenica mattina e il pronto soccorso è silenzioso. Il Dottor Mirco propone a Leonardo e Fabio una prova: risolvere un nuovo caso senza infrangere le regole per ottenere il trasferimento all'ospedale Policlinico a Roma. Arriva Beatrice, un'attrice con problemi respiratori misteriosi. I test sembrano normali, ma i dottori sospettano una malattia rara. Nel frattempo, Fabio riceve una notizia personale da Silvia che lo turba.

Summary of the story

It's Sunday morning and the emergency room is unusually quiet. Dr. Mirco challenges Leonardo and Fabio to solve a new case without breaking the rules in order to be considered for a transfer to the Policlinico hospital in Rome. Beatrice, an actress with mysterious respiratory issues, arrives. Though her tests appear normal, the doctors suspect a rare illness. Meanwhile, Fabio receives troubling personal news from Silvia.

Cultural Insight – L'opera lirica in Italia

In Italia, l'**opera lirica** è una parte importante della cultura musicale. Combina **canto, musica e teatro**. I cantanti lirici non usano microfono perché la loro voce è così potente da riempire (*to fill*) tutto il teatro. Ogni anno, il **7 dicembre**, il Teatro alla Scala di Milano ospita (*hosts*) la "**prima della Scala**", l'inizio della stagione lirica (*lyric season*) più famosa del mondo. È un evento così importante che viene trasmesso (*it is broadcasted*) in diretta TV (*live on TV*) in tutta Italia!

Vocabulary

1 **stranamente silenzioso**   strangely silent
2 **in vacanza**   on vacation
3 **si gratta la fronte**   (he) scratches his forehead
4 **gli chiede**   (he) asks him
5 **trasferimento**   transfer
6 **Policlinico**   name of a Roman polyclinic
7 **addirittura**   even
8 **reparto geriatrico**   geriatric ward
9 **nuova sfida**   new challenge
10 **nessun medico**   no doctor
11 **andarci**   to go there
12 **potremmo imparare**   we could learn
13 **prima della fine**   before the end
14 **mettervi alla prova**   to put you to the test
15 **lo risolvete**   you solve it
16 **infrangere**   to break
17 **considererò**   I will consider
18 **non La deluderemo**   we will not disappoint you

19 **difficoltà** difficulty

20 **presto** quickly

21 **molto truccati** with lots of makeup

22 **attrice** actress

23 **palco** stage

24 **sciarpa** scarf

25 **cappotto** coat

26 **Lei è** you are (formal)

27 **trent'anni** thirty years

28 **scena** scene

29 **peggio** worse

30 **mi gira la testa** my head spins

31 **mi manca** I fall short of

32 **si toglie** (she) takes off

33 **polmoni** lungs

34 **rumori** noises

35 **uccellini** little birds

36 **torace** chest

37 **spirometria** spirometry

38 **ne dici** (what) do you say

39 **teatri vecchi** old theaters

40 **polvere** dust

41 **muffa** mold

42 **smettere** to stop

43 **palcoscenico** stage

44 **spettacolo** show

45 **non posso mancare** I cannot miss it

46 **ambientale** environmental

47 **a chi usa tanto la voce** for those who use their voice a lot

48 **anima** soul

49 **eppure** yet

50 **tossisce** (she) coughs

51 **affaticata** fatigued

52 **si appoggia** (she) leans

53 **agitazione** agitation

54 **qualcosa non torna** something doesn't add up

55 **non finge** (she) is not pretending

56 **incrocia le braccia** (he) crosses (his) arms

57 **scelta** choice

58 **ricovero** hospitalization

59 **dimissione** discharge

60 **mi raccomando** please

61 **intanto** meanwhile

62 **storia lunga** long story

63 **non potremo vederci più** we won't be able to see each other anymore

64 **gli lancia uno sguardo** (he) cast a glance on him

65 **entrambi** both

66 **non finirà** (it) will not end

Domande a risposta multipla

1) Per ottenere il trasferimento al Policlinico, Leonardo e Fabio devono:

   a. Risolvere il prossimo caso senza rispettare le regole.

   b. Risolvere il prossimo caso senza infrangere le regole.

   c. Fare turni di notte per una settimana intera.

2) Dove lavora l'attrice Beatrice?

   a. In teatri vecchi e pieni di muffa.

   b. In teatri nuovi e molto puliti.

   c. In teatri vecchi e pieni di rumori.

3) Cosa scrive Silvia nel suo messaggio a Fabio?

   a. Lascerà il tirocinio così potranno vedersi più spesso.

   b. Lascerà il tirocinio e non potranno più vedersi.

   c. Cambierà ospedale e non potranno vedersi più.

Risposte

1) B

2) A

3) B

CAPITOLO 10

PARTE 10.2

Il coraggio della scelta - The courage of the choice

Leonardo e Fabio tornano nella stanza di Beatrice. Lei è seduta sul letto, con il viso pallido e il **respiro corto**[1].

"Beatrice." dice Leonardo con tono calmo. "I test sono negativi, ma i tuoi sintomi continuano. Non è normale."

Beatrice sorride, ma è stanca. "Forse... è solo il mio **corpo**[2] che **dice basta**[3]. Forse **ho dato troppo**[4] al teatro."

Fabio si avvicina. "Hai mai avuto problemi con la **muffa**[5]? **Tossisci**[6] spesso nel teatro?"

"Sì." risponde Beatrice. "Negli ultimi mesi, **dietro le quinte**[7] sentivo **odore**[8] di muffa. E a volte il respiro **diventava**[9] corto. Ma pensavo di essere stressata per la performance."

Leonardo apre il computer e cerca tra le **malattie rare**[10]. "Fabio, potrebbe essere una **polmonite da ipersensibilità**[11]. Un'allergia alla muffa e alla polvere."

"**Già**[12]." annuisce Fabio. "Succede **a chi respira**[13] certe **particelle**[14] per molto tempo. E Beatrice lavora in teatri vecchi ogni giorno."

Tornano da Mirco. Leonardo parla sicuro: "Vogliamo **ricoverare**[15] Beatrice. Pensiamo ad una polmonite da ipersensibilità. Ha bisogno di cure, non può tornare a casa."

Mirco li guarda **pensieroso**[16]. Poi annuisce. "Va bene. Se la vostra diagnosi è corretta, **preparatevi**[17] per il trasferimento. E forse… ci vediamo al Policlinico."

Qualche ora dopo, Beatrice **riceve**[18] i primi **farmaci**[19] per **ridurre**[20] l'infiammazione. Respira un po' meglio.

"Dottori!" dice Beatrice con un sorriso, "**Non potrò salire**[21] sul palco questa settimana. Ma **almeno**[22]… posso respirare."

Leonardo sorride. "Lo spettacolo **può aspettare**[23]. La salute, no."

Beatrice prende la sua **borsa**[24] e **tira fuori**[25] 4 (quattro) biglietti. "**Non è molto**[26] ma voglio ringraziarvi, dottori! Questi sono 4 (biglietti) per l'**opera**[27], '*La 'Traviata*', alle Terme di

Caracalla questo sabato sera. Io non potrò essere sul palco, ma **sarò sicuramente**[28] tra il pubblico con voi."

Alla fine del turno, Mirco si avvicina a Leonardo e Fabio. "Complimenti. Avevate ragione e **non avete infranto**[29] le regole questa volta. Beatrice sta già meglio. Avete superato l'ultimo test. Ho parlato col Policlinico. **Potrete trasferirvi**[30] tra una settimana."

Leonardo stringe la mano a Mirco. "Grazie, Dottore. Siamo pronti."

Sabato sera arriva veloce. Il cielo sopra Roma è pieno di stelle alle Terme di Caracalla. Il palco **è circondato**[31] da antiche rovine che creano un'atmosfera magica.

Leonardo arriva insieme a Lucia. **Poco dopo**[32], Fabio **li raggiunge**[33] con Silvia.

"Che **posto**[34] incredibile!" dice Lucia guardando l'arena.

"Sì." dice Leonardo. "Qui la storia **si mescola**[35] con la musica."

Tutti e 4[36] (quattro) si siedono nelle **prime file**[37]. L'orchestra inizia a **suonare**[38], le luci **si abbassano**[39]. I **personaggi**[40] entrano in scena, la musica **riempie**[41] l'aria.

Durante l'opera, Silvia è molto silenziosa. Quando la protagonista **si sacrifica**[42] per amore, Silvia incomincia a **piangere**[43]. Senza dire nulla, si alza e lascia il suo **posto**[44].

Fabio **la segue**[45]. **La trova**[46] nel **cortile**[47] tra le colonne antiche. Silvia guarda il cielo con gli **occhi lucidi**[48].

Lei **si gira**[49]. "Scusa. Non volevo creare problemi."

"Va tutto bene. Vuoi parlarmi?" chiede Fabio con **dolcezza**[50].

Silvia **prende un respiro profondo**[51]. "Mia madre è **malata**[52]. **È ricoverata**[53] al Policlinico da mesi. Io **mi prendo cura**[54] di mio **fratello**[55] e di mio padre. Per questo **motivo**[56] lascio il tirocinio. Non posso fare tutto. Non posso pensare all'amore, se ho una famiglia che ha bisogno di me."

Fabio **ascolta**[57] Silvia in silenzio. Poi le prende la mano. "Capisco. Ma **non sei sola**[58]."

Silvia lo guarda negli occhi. Non dice niente, ma **le sue spalle si rilassano**[59].

Dopo qualche minuto, tornano ai loro posti. Lucia li guarda, poi sorride a Leonardo.

Nel **buio**[60], Lucia prende la mano di Leonardo durante la **dichiarazione d'amore**[61] di Violetta per Alfredo. È un **gesto semplice**[62], ma pieno di **significato**[63].

La musica continua. I 4 (quattro) ragazzi **restano lì**[64], seduti insieme. Nessuno parla. Ma, **ancora una volta**[65], sono in 4 (quattro).

Leonardo pensa a Lucia, Silvia, Fabio. E per la **prima volta**[66] da molto tempo, **si sente parte**[67] di una famiglia. Tutta italiana.

Riassunto della storia

Leonardo e Fabio diagnosticano una polmonite da ipersensibilità a Beatrice e la ricoverano. Grazie alle loro cure respira meglio. Mirco conferma che i due dottori saranno trasferiti al Policlinico. Per ringraziare i dottori, Beatrice offre quattro biglietti per l'opera alle Terme di Caracalla. Lucia, Leonardo, Silvia e Fabio vanno a vedere l'opera. Durante lo spettacolo, Silvia confida le difficoltà familiari a Fabio che la consola. Lucia stringe la mano a Leonardo che si sente parte di una vera famiglia.

Summary of the story

Leonardo and Fabio diagnose hypersensitivity pneumonitis in Beatrice and decide to admit her. Thanks to their care, she begins to breathe better. Mirco confirms that the two doctors will be transferred to the Policlinico. As a thank-you, Beatrice gives them four tickets to the opera at the Baths of Caracalla. Lucia, Leonardo, Silvia, and Fabio attend the performance.

During the show, Silvia confides in Fabio about her family difficulties, and he comforts her. Lucia holds Leonardo's hand, and he finally feels part of a true family.

Cultural Insight – Le Terme di Caracalla

Nell'antica Roma, andare alle **terme** (*thermal baths / hot springs*) era un'abitudine quotidiana (*daily habit*), non solo per lavarsi, ma anche per rilassarsi, fare sport e parlare con gli amici. Le **Terme di Caracalla**, costruite (*built*) tra il 212 e il 216 d.C. (*after death*), erano tra le più grandi e lussuose (*luxurious*) della città. Potevano accogliere migliaia di persone (*welcome thousands of people*) e avevano piscine calde e fredde, palestre, saune e giardini. Oggi, puoi visitare le rovine di queste terme a Roma e in estate (*Summer*) diventano anche un teatro all'aperto (*outdoor theatre*) per concerti e opere liriche!

Vocabulary

1 **respiro corto** shortness of breath
2 **corpo** body
3 **dice basta** (it) says enough
4 **ho dato troppo** I have given too much
5 **muffa** mold
6 **tossisci** do you cough

7 **dietro le quinte** in the backstage

8 **odore** smell

9 **diventava** (it) was becoming

10 **malattie rare** rare diseases

11 **polmonite da ipersensibilità** hypersensitivity pneumonia

12 **già** right

13 **a chi respira** to those who breathe

14 **particelle** particles

15 **ricoverare** to admit (to the hospital)

16 **pensieroso** deep in thought

17 **preparatevi** prepare yourselves

18 **riceve** (she) receives

19 **farmaci** medications

20 **ridurre** to reduce

21 **non potrò salire** I won't be able to go up

22 **almeno** at least

23 **può aspettare** (it) can wait

24 **borsa** bag

25 **tira fuori** (she) takes out

26 **non è molto** it's not much

27 **opera** opera (music perfomance)

28 **sarò sicuramente** I will surely be

29 **non avete infranto** you haven't broken

30 **potrete trasferirvi** you will be able to transfer

31 **è circondato** (it) is surrounded

32 **poco dopo** shortly afterwards

33 **li raggiunge** (he) reaches them

34 **posto** venue

35 **si mescola** (it) mixes

36 **tutti e 4** all four of them

37 **prime file** front rows

38 **suonare** to play

39 **si abbassano** they lower

40 **personaggi** characters

41 **riempie** (it) fills

42 **si sacrifica** (she) sacrifices herself

43 **piangere** to cry

44 **posto** place, seat

45 **la segue** (he) follows her

46 **la trova** (he) finds her

47 **cortile** courtyard

48 **occhi lucidi** teary eyes

49 **si gira** (she) turns

50 **dolcezza** sweetness

51 **prende un respiro profondo** (she) takes a deep breath

52 **malata** sick

53 **è ricoverata** (she) is hospitalized

54 **mi prendo cura** I take care

55 **fratello** brother

56 **motivo** reason

57 **ascolta** (he) listens to

58 **non sei sola** you are not alone

59 **le sue spalle si rilassano** her shoulders relax

60 **buio** darkness

61 **dichiarazione d'amore** declaration of love

62 **gesto semplice** simple gesture

63 **significato** meaning

64 **restano lì** they stay there

65 **ancora una volta** once again

66 **prima volta** first time

67 **si sente parte** (he) feels part of

Domande a risposta multipla

1) Cos'è la polmonite da ipersensibitlià?

    a. Polmonite causata dal freddo.

    b. Allergia a teatri vecchi.

    c. Allergia a funghi e polvere.

2) Cosa regala Beatrice a Leonardo e Fabio per ringraziarli?

    a. Biglietti per l'opera 'Le terme di Caracalla'.

    b. Biglietti per l'opera 'La Traviata'.

    c. Posti a sedere per la partita di calcio della Roma.

3) Perché Silvia vuole lasciare il tirocinio e Fabio?

    a. Perché la madre è malata e deve prendersi cura della sua famiglia.

    b. Perché il fratello e il padre sono malati e deve prendersi cura della famiglia.

    c. Perché non vuole più studiare e stare con Fabio.

Risposte

1) C

2) B

3) A

Conclusion

Congratulations!

Whether it is your first book in Italian or you have already read a few, you should be proud of your progress and your perseverance. Learning a foreign language is a very dynamic process and every step forward should be celebrated, no matter how small it might seem to you.

If this was your first book, well done on completing it!

If you used this book as a refresher before advancing to a more advanced level, it's equally outstanding how far you've come in your learning journey!

If you have enjoyed reading this book, I have a couple more "secrets" to share with you to help you make the most of the stories you've just read and some recommendations on additional material that you can use along with this book.

I hope to be able to entertain you again with more stories.

To next time!

Continue to learn

Learning a foreign language is such an adventure and reading is only one of the many ways you can advance your level.

I highly recommend my students to consume as much material in Italian language as they can and expose themselves to Italian language in all formats: newspapers articles, television programs, youtube videos, pen friends, travelling to Italy, and certainly, other books and audio books.

If you have enjoyed this book, there will be many other to follow so subscribe to my mailing list at subscribepage.com/rebeccaromano to get to know when my next collection of short stories will come out.

Stay tuned!

Share the benefits

If you believe you have benefitted from this book and want to encourage others to read these stories, please consider leaving a favourable review on Amazon or on the other websites from where you have purchased this book.

Sharing is caring!

If you are a teacher

From teacher to teacher, I know how hard it is to find good reading material to use during lessons.

This book is written specifically with upper-beginner to intermediate level students in mind, and each story is structured so that it prepares the students for the next one, without overwhelming them with too much new vocabulary or complex grammar structures.

If you would like to use this book with your students, you can rely on easy-to-navigate stories, vocabulary and grammar including comprehension questions at the end of each episode to test your students.

I'd love to hear from you and know how you have used this book with your students.

Please contact me on Instagram at @languagemyths_italian

Use a notebook

Unless you are equipped with a wondrous memory, you won't be able to remember all the new words, colloquial expressions and constructs you will learn with this book.

My students know too well I encourage the use of notebooks where to write down all the new vocabulary learnt and to revise it constantly so to help them consolidate their learning.

For this reason, I have released a special notebook on Amazon, The Italian Language Learning Notebook, to help ensure your success in retaining and putting into use as many new words as possible.

This notebook includes alphabetically ordered sections where you can register the new vocabulary in both Italian and your own language, together with an example box and a note box where you can write your own sentences.

Acknowledgements

"Travel early and travel often. Live abroad, if you can. Understand cultures other than your own. As your understanding of other cultures increases, your understanding of yourself and your own culture will increase exponentially."

— *Tom Freston*

I think this is just the perfect quote for my new trilogy, '*Leonardo a Roma*', about an American doctor who goes to live in Italy to finish his studies. A marvellous change happens inside him as he immerses himself more and more into the Italian culture and way of life among its good and bad aspects.

And I should know this myself. As an Italian expat living in New Zealand, I know too well how hard it can sometimes be to live abroad and, at the same time, how wonderful it is to be exposed to a totally different culture, way of life and language.

Yet, I cannot recommend it enough: travel, travel, travel. And yes, live abroad if you can. To me, even learning a new language is a journey into another dimension where you constantly compare your beliefs with someone else's beliefs and your horizon expands. How magical!

So let me thank everyone that have crossed and will cross my path in my travels and while living abroad. You have certainly inspired some of my characters in a way or another.

Larry, how can I not thank you for your unwavering trust in me and my work during good and bad moments. Together with Thomas and Gigi, you are the family I can always count on and I would never trade for anything in the whole world.

And a heartfelt thank you to my family and friends in Italy for their constant support. This time I also want to thank my family abroad. Yes, that enlarged family you chose and share your life and struggles with, as it were your own family.

Finally, I cannot forget my students and readers. Thank you for reminding me how special is to learn a language. I hope this trilogy will inspire you to travel to Italy if you haven't been yet, and why not, maybe even going to live there for a while.

www.ingramcontent.com/pod-product-compliance
Lightning Source LLC
Chambersburg PA
CBHW070927250626
47159CB00009B/3152